U0584088

现代信息技术与计算机软件技术分析

杨 亮 普 璐 苏文杰◎著

吉林科学技术出版社

图书在版编目（CIP）数据

现代信息技术与计算机软件技术分析 / 杨亮，普璐，
苏文杰著. -- 长春：吉林科学技术出版社，2023.7
ISBN 978-7-5744-0739-8

Ⅰ．①现… Ⅱ．①杨… ②普… ③苏… Ⅲ．①信息技
术—研究②软件—研究 Ⅳ．①G202②TP31

中国国家版本馆CIP数据核字(2023)第153181号

现代信息技术与计算机软件技术分析

著	杨 亮 普 璐 苏文杰	
出 版 人	宛 霞	
责任编辑	张伟泽	
封面设计	金熙腾达	
制 版	金熙腾达	
幅面尺寸	185mm×260mm	
开 本	16	
字 数	254千字	
印 张	11.25	
印 数	1–1500册	
版 次	2023年7月第1版	
印 次	2024年2月第1次印刷	

出 版	吉林科学技术出版社
发 行	吉林科学技术出版社
地 址	长春市福祉大路5788号
邮 编	130118
发行部电话/传真	0431-81629529 81629530 81629531
	81629532 81629533 81629534
储运部电话	0431-86059116
编辑部电话	0431-81629518
印 刷	三河市嵩川印刷有限公司

书 号	ISBN 978-7-5744-0739-8
定 价	82.00元

前　言

现代信息技术和计算机软件技术在当今社会中扮演着至关重要的角色，对经济、社会和个人生活产生了深远的影响。随着科技的迅速发展和全球信息化的加速推进，研究这两个领域的背景变得尤为重要。对现代信息技术和计算机软件技术进行深入的研究和分析，可以为解决实际问题、推动技术创新和促进社会发展提供重要支持和指导。这些研究对于提高信息技术应用的效果、保障信息安全、提升软件质量和提供更好的用户体验具有重要意义。

基于此，本书以《现代信息技术与计算机软件技术分析》为题目，第一，引入对信息与信息技术、信息技术的学科基础——信息科学、信息技术的应用及其技术体系的介绍；第二，讨论计算机及其发展趋势、计算机硬件系统技术、计算机软件技术结构、计算机网络安全技术；第三，具体阐释现代通信技术原理与应用和现代传感技术体系及实现；第四，对计算机软件的基础理论和计算机软件的系统分析进行讨论；第五，展开介绍计算机软件的开发设计；第六，研究智慧城市建设与大数据推动、人工智能视角下未来城市理想空间模式探索。

本书逻辑清晰，内容全面，结构布局合理、严谨，语言准确，通过具体分析，系统性地对现代信息技术与计算机软件技术进行解读，概念清晰准确、文字通顺简练，形成一个完整的、循序渐进、便于阅读与研究的文章体系。对我国现代信息技术与计算机软件技术发展具有一定的参考价值。

本书的撰写得到了许多专家学者的帮助和指导，在此表示诚挚的谢意。由于笔者水平有限，加之时间仓促，书中所涉及的内容难免有疏漏与不够严谨之处，希望各位读者多提宝贵意见，以待进一步修改，使之更加完善。

作者

2023 年 5 月

目　录

第一章 现代信息技术概述

第一节 信息与信息技术

一、信息

（一）信息的起源

"现代信息技术的迅猛发展，正从根本上改变人们的生产方式、生活方式乃至文化观念，促使人类走向新的文明。"[①] 从人类产生的那天起，人们就没有停止过与信息打交道，有意无意地接收信息、传递信息、处理信息和利用信息。人们对信息的表达和处理等问题进行了许多研究。古人有很多关于信息的记载，比如，古代的"烽火戏诸侯"、四大发明中的造纸术和印刷术的发明等，都是传递和存储信息的重大进步。20 世纪后半个世纪以来，随着计算机技术、微电子技术、传感技术、新材料技术、多媒体技术、航空航天技术，特别是以计算机技术为主体的互联网技术的发展，人类进入了高度的信息化时代。

信息是一个很抽象、很复杂的概念，它最早出现于通信领域，但是最早人们没有区分信息与"消息"或"信号"的区别，甚至对它和"情报""知识""情况"也不加区别，随着信息化社会的发展，不同学者在自己的学科领域内对"信息"这一概念有了不同的理解。

信息是一个不断变化和发展的概念，具有物质性和社会性的双重特征，是一个多元化、多层次、多功能的复杂综合体，对其应从不同角度和不同侧面来考察。

信息是人们对客观存在的一切事物的反映，是通过载体所发出的消息、情报、指令、数据及信号中所包含的一切可传递和交换的知识内容。

---

① 蔡阳. 现代信息技术与水利信息化 [J]. 水利水电技术，2009，40（8）：138.

首先，信息不等同于情报。情报往往是军事学、文献学等方向的专业用语，它是人们对于某个特定的对象所见、所闻、所理解而产生的知识，可见，它比"信息"要狭隘得多，它是一类特定的信息，而不是信息的全体。

其次，信息不等同于知识。知识是人们根据某种目的，从自然界收集得来的数据中整理、概括、提取得到的具有普遍性和概括性的高层次的信息。所以说，知识是信息，它只是信息的一部分，但不等于信息的全体。

再次，信息也不能等同于消息。比如，我们听到了一句话，或者看到了正在发生的一件事情，就可以说是得到了"信息"。一般来说，运用文字、符号、语言、数据、图像等人们能够通过感觉器官感知的形式，把客观物质运动和主观思维活动的状态表达出来的信息就是消息。而人们通过感觉器官接收到消息后，得到的是关于描述某事物状态的一些具体的内容形式。实际上在通信系统中，如在广播、电视、雷达导航等系统中传输的就是各种各样的信息，而不同系统中的信息有着不同的表现形式，这些形式必须可以被人的感官所接受。

消息中包含了信息，消息是信息的载体，信息是消息的内在形式。人们是通过得到消息来获得信息的。而同一信息可以用不同的消息来表述。比如，一条战争新闻可以通过电视、网络、报纸等不同的消息形式来表述。而一则消息也可以承载不同的信息，它可能包含非常丰富的信息，也可能包含很少的信息，甚至不包含信息，所以说，消息与信息是既有联系又有区别的。

最后，信息也不等同于信号。在各种实际的通信系统中，为了对消息进行正常的传输和处理，往往要对消息做一些变换，把它们变成适合信道传输的物理量，这些物理量一般称为信号，如光信号、电信号等。信号中携带着消息，它是消息的运载工具。在通信系统的接收端通过解调等反变换就可以恢复出发送端的汉字信息。信号中携带信息，但它本身并不是信息。同一信息可以用不同的信号形式来表示，同一信号也可以表示不同的信息。所以，信息、消息和信号是既有区别又有联系的三个不同的概念。

（二）信息的特征

第一，社会性。信息一开始就直接联系于社会应用，它只有经过人类的加工、取舍和组合，并通过一定的形式表现出来，才真正具有使用价值。信息化的发展表现为对国家或世界的社会、政治、经济、文化和日常生活等各个方面的深刻影响或改变。

第二，传递性。信息的传递性是指任何信息只有从信源出发，经过信息载体传递才能被信宿接收并进行处理和运用。也就是说，信息可以在时间或空间上从一点转移至另一点，可以通过语言、动作、文字、通信、计算机等各种媒介来传递，而且信息的传递不受时间和空间限制。信息在空间中的传递称为通信，信息在时间上的传递称为存储。

第三，共享性。信息的共享性主要是指信息作为一种资源，不同个体或群体在同一时间或不同时间均可共同享用这种资源，例如，千家万户可以收看同一节目源，这即为群体同享一种信息资源。

第四，不灭性。信息不灭性是指信息从信息源发出后其自身的信息量并没有减少，即信息并不因为被使用而消失，它可以被大量复制、长期保存，并重复使用。信息的提供者并不因为提供了信息而失去了原有的信息内容和信息量。各用户分享的信息份额也不因为分享人的多少而受影响。

第五，时效性。时效性是指信息应能反映事物最新的变化状态。例如，信息产业是竞争最激烈、变化最急剧的产业，在这一领域内，哪怕对知识与信息的获取与利用仅领先或落后几个星期、几天，甚至几个小时，都足以使一个企业成就辉煌或面临破产。

第六，能动性。信息的产生、存在和流通依赖于物质和能量，反过来，信息又能动地控制或支配物质和能量的流动，并对改变其价值产生影响。例如，信息社会的新型人才必须具备很强的信息获取、信息分析和信息加工能力，这不仅是信息社会经济发展对新型人才提出的基本要求，也是推动信息社会向前发展的基础。

第七，客观性。信息的客观性是指信息是客观存在的。信息的产生源于物质，信息产生后又必须依附于物质，因此信息包含于物质中。

二、信息技术

（一）信息技术的概念

信息技术的概念，因其使用的目的、范围和层次不同而有不同的表述。广义而言，信息技术是指能充分利用与扩展人类信息器官功能的各种方法、工具与技能的总和，该定义强调的是从哲学上阐述信息技术与人的本质关系。中义而言，信息技术是指对信息进行采集、传输、存储、加工、表达的各种技术之和，该定义强调的是人们对信息技术功能与过程的一般理解。狭义而言，信息技术是指利用计算机、网络、广播电视等各种硬件设备、软件工具与科学方法，对文、图、声、像等各种信息进行获取、加工、存储、传输与使用的技术之和。该定义强调的是信息技术的现代化与高科技含量。

信息技术的内涵包括两个方面：一是手段，即各种信息媒体，它是一种物化形态的技术，如印刷媒体、电子媒体、计算机网络等；二是方法，即运用信息媒体对各种信息进行采集、加工、存储、交流、应用的方法，它是一种智能形态的技术。信息技术就是由信息媒体和信息媒体应用的方法两个要素所组成的。

信息技术按表现形态可分为硬技术（物化技术）与软技术（非物化技术）两种。前者指各种信息设备及其功能，如显微镜、电话机、通信卫星和电脑等。后者指有关信息获取与处理的各种知识、方法与技能，如语言文字技术、数据统计分析技术、规划决策技术和计算机软件技术等。信息技术按使用的信息设备可分为电话技术、电报技术、广播技术、电视技术、复印技术、缩微技术、卫星技术、计算机技术及网络技术等。信息技术已经渗透到我们生活的各个领域，日常生活的方方面面都包含着信息技术。它具有高速化、网络化、数字化、个人化和智能化等特点。

（二）信息技术对社会的影响

第一，对经济的影响。信息技术有助于个人和社会更好地利用资源，使其充分发挥潜力，缩小国际社会中的信息与知识差距；有助于减少物质资源和能源的消耗；有助于提高劳动生产率，增加产品知识含量，降低生产成本，提高竞争力；有助于提高国民经济宏观调控管理水平、经济运行质量和经济效益。

第二，对教育的影响。随着科学技术的飞速发展、素质教育的全面实施和教育信息化的快速推进，信息技术已逐渐成为服务于教育事业的一项重要技术。信息技术有助于教学手段的改革（如电化教学、远程教育等），能够打破时间、空间的限制，使教育向学习者全面开放并实现资源共享，大大提高了学习者的积极性、主动性和创造性。

第三，对管理的影响。信息技术有助于更新管理理念、改变管理组织；有助于完善管理方法，以适应虚拟办公、电子商务等新的运作模式。进入 20 世纪 90 年代后，美、日、欧盟等纷纷制订各自的信息基础设施发展计划，即信息高速公路计划，并投入了巨额资金。新兴工业化国家和地区也不甘落后，投入大量资金发展网络技术和通信技术。

第四，对科研的影响。应用信息技术有助于科学研究前期工作的顺利开展；有助于提高科研工作效率；有助于科学研究成果的及时发表。

第五，对文化的影响。信息技术促进了不同国度、不同民族之间的文化交流与学习，使文化更加开放化和大众化。

第六，对生活的影响。信息技术给人们的生活带来了巨大的变化，计算机、因特网、信息高速公路、纳米技术等在生产生活中的广泛应用，使人类社会向着个性化、休闲化方向发展。在信息社会里，人们的行为方式、思维方式甚至社会形态都发生了显著的变化。

（三）信息化与信息化社会

信息化涉及国民经济的各个领域，它的意义不仅仅局限于技术革命和产业发展，信息化正逐步上升为推动世界经济和社会全面发展的关键因素，成为人类进步的新标志。

信息化就是在人类社会各领域普遍地采用现代信息技术，从而大大提高社会生产力和生活质量的过程。信息化与工业化、现代化一样，是一个动态变化的过程。在这个过程中包含三个层面、六大要素。

三个层面是指：信息技术的开发和应用过程，它是信息化建设的基础；信息资源的开发和利用过程，它是信息化建设的核心与关键；信息产品制造业不断发展的过程，它是信息化建设的重要支撑。这三个层面是相互促进、共同发展的过程，也就是工业社会向信息社会演化的动态过程。

六大要素是指信息网络、信息资源、信息技术、信息产业、信息法规环境与信息人才。

这三个层面、六大要素的相互作用过程就构成了信息化的全部内容。就是说，信息化是在经济和社会活动中，通过普遍采用信息技术和电子信息装备，更有效地开发和利用信息资源，推动经济发展和社会进步，使由于利用了信息资源而创造的劳动价值在国内生产总值中的比重逐步上升直至占主导地位的过程。

（四）信息技术的作用

1. 信息技术是信息生产力的核心

信息技术是高新技术的代表，是信息生产力模型中的核心要素。它是现代科学技术的标志，也是微电子学基础理论的外在标志；它是提升和推动生产力和社会生产方式变革的重要因素，是信息时代生产方式的核心因素；它还是现代企业生存与发展的必要与充分条件。

2. 信息技术扩展处理信息能力

信息技术的发展和应用大大扩展了人类信息处理的能力和功能，它可以被看作是人的体力和脑力的延伸。通过信息技术，人们可以更高效地处理、存储、传输和应用信息，从而实现各种任务和目标。

3. 信息技术是系统综合实力与竞争力的标志

信息技术的利用深度与广度，代表着一个单位、一个地区、一个国家的综合实力与竞争力。它通过有效地组织与利用信息，能够提升人类社会开发和利用信息资源（IR）的能力，进而提高开发与利用企业中其他资源的能力。在企业中，信息技术具有极端重要的战略价值，只有将信息技术应用与企业内在规律、企业业务过程和企业管理紧密结合在一起，协同一致，才能最大限度地发挥信息技术的潜能。

4. 信息技术是推动电子商务新经济战略的原动力

信息技术的影响与作用改变着人类的生产、生活、思维、工作和管理的方式，是人类进行高效率、高效益和高速度发展经济的一种决定性技术。

（1）信息技术促进了社会与经济和企业的数字化、网络化和信息化，是现代科技的基本形态和集中代表。

（2）信息技术是主要的核心生产力要素与核心竞争力，又是一个系统综合实力的体现。

（3）信息技术促进了经济全球化、一体化、贸易自由化和信息化，保证了经济、贸易的持续健康发展和企业的持续竞争优势。

（4）IT 促进和影响了经营、营销、消费、市场流通、分配和消费等各环节的性质、内容和方式的变化，以及商务管理模式的变革；开创了电子商务、电子政务和各种电子事物新技术；在激烈的全球市场竞争中，信息技术和信息化管理成为企业生存和发展的重要法则；信息技术具有明显的商业价值。

（5）信息技术促进了电子金融服务与电子银行的发展与应用，使资金流电子化。

（6）信息技术促进了现代物流及配送技术的发展。

5. 信息技术提升了管理水平

信息技术构造了企业智能和商务智能，是现代管理与决策的重要工具；促进了各级管理的变革，也是管理现代化的一个重要支持。它为提升企业管理水平和质量提供了优质服务。

（1）信息技术促进了适应新经济、新生产方式的新管理模式的创立，如 JIT、精细生产、敏捷制造、并行工程、MRP、MRP Ⅱ、ERP、CIMS 和新价值链的形成（如 SCM、ERP 和 CRM 及其相互的集成）。

（2）信息技术促进了 BPR 技术的广泛应用，使企业理念、要素、流程和组织均得到重组。它影响和决定着各生产要素的质量，以及生产中劳动的性质及其活动方式的变化，促进了企业创新与变革，以便快速地应变环境与需求的变化。

（3）信息技术通过 DSS、AI 和 CSCWS 等支持企业决策与协作，利于企业协同工作，实现协同效应。

（4）信息技术通过现代数据管理技术（数据仓库、数据挖掘等）构造企业商务智能。

第二节　信息技术的学科基础——信息科学

信息科学是研究信息的产生、获取、传输、存储、处理和利用等方面的学科，它是信息技术的学科基础之一。信息科学涉及多个学科领域，包括计算机科学、通信学、数学、电子工程、认知科学等。

一、数据结构与算法

数据结构是研究数据组织、存储方式及数据之间关系的学科。它涉及选择和设计适当的数据结构来存储和操作数据，以实现高效的数据访问和处理。数据结构关注数据的逻辑结构和物理存储结构，例如数组、链表、树、图等。

算法是解决问题的一系列步骤和方法。它描述了在给定输入情况下，通过一系列明确定义的操作，如数学运算、逻辑判断和数据操作，来解决问题的过程。算法的设计和分析旨在找到解决问题的最佳方法，以使算法具有良好的效率和性能。

数据结构和算法是计算机科学的核心内容，对于信息科学中的数据处理和信息管理非常重要。合理选择和设计适当的数据结构可以提高数据操作的效率和准确性，而优化的算法可以解决大规模数据处理和信息管理中的复杂问题。

在信息科学中，数据结构和算法的应用广泛。例如，在数据库系统中，使用数据结构来组织和存储数据，并利用算法进行高效的查询和数据处理。在网络通信中，使用数据结构和算法来管理和传输数据包，实现可靠和高效的数据传输。在人工智能和机器学习领域，数据结构和算法被用于处理和分析大规模的数据集，以训练和优化模型。

二、数据库系统

数据库系统是一种用于管理和组织大量数据的软件系统，它提供了有效的数据存储、维护和查询机制。数据库系统涉及数据库的设计、建立、维护和查询等方面。

第一，数据库。数据库是一个结构化的数据集合，用于存储和组织相关数据。它可以包含多个表格（表）或其他数据结构，用于表示和存储实体、关系和属性。

第二，数据库管理系统（DBMS）。数据库管理系统是数据库系统的核心软件，它提供了管理数据库的功能和接口。DBMS 负责处理数据的存储、访问、更新和安全等操作。常见的 DBMS 包括 MySQL、Oracle、Microsoft SQL Server 等。

第三，数据库设计。数据库设计是确定数据库结构和组织方式的过程。它涉及确定实体、属性、关系、主键和外键等，以及定义表格的结构和约束。

第四，数据库建立。数据库建立是在 DBMS 中创建数据库的过程。这包括在物理存储设备上分配空间、创建表格和索引等。

第五，数据库维护。数据库维护涉及对数据库进行监控、备份、恢复和性能优化等操作。它确保数据库的可靠性、安全性和高效性。

第六，数据库查询。数据库查询是通过结构化查询语言（SQL）或其他查询语言来检索和操作数据库中的数据。查询可以是简单的数据检索，也可以是复杂的数据处理和分析操作。

数据库系统在信息科学中扮演着重要的角色。它为存储和检索大量数据提供了高效的机制，可以支持各种应用领域的数据管理需求，如企业管理系统、电子商务、科学研究等。数据库系统的设计和优化对于实现数据的可靠性、一致性和安全性至关重要，同时也对数据处理和信息管理的效率产生重要影响。

信息科学为实际问题的解决提供了理论和方法支持，并与其他学科交叉融合，推动了各个信息技术领域的发展。在信息科学的基础上，人们可以进一步研究和应用各种信息技术，如网络技术、安全与加密、人工智能、大数据分析等，来解决现实世界中的各种问题，推动社会、经济和科学的进步。

第三节　信息技术的应用及其技术体系

信息技术（IT）是以信息科学的原理与方法为基础，以计算机技术、通信技术和网络技术等为手段和工具，能够对各种传感信号和多种媒体的信息（数据）进行生产、获取、存储、传输、加工、使用和维护等处理的综合性技术的总称。它主导并推进了社会经济和生产方式的迅速变革与发展。

一、信息技术应用的根本目标

信息技术在现代企业应用中的根本目标在于获取企业竞争优势（包括资源优势及企业核心竞争力）。

企业核心竞争力是指企业利用信息技术通过不断创新，从而在某个领域或某个时期内，形成独有的、体现企业优势的、确保企业持续发展的一种核心能力。它是由不同要素有机联系与整合的企业整体实力；它来源于企业的先进理念、科学的决策与行动和企业创新能力；它是企业从准确地掌握客户需求开始，经过精益制造的企业过程，再到为客户提供产品或服务，从而满足客户需求的一个独特反馈过程。

企业核心竞争力的实质是利用信息技术，通过一系列的资源整合、技能互补和知识融合，从而形成企业一流的业务流程；是将企业资源、技能和运作机制等有机整合起来而形成的企业自组织能力和自适应能力。

创新是提升企业核心竞争力的基本途径。企业竞争力由企业的产品或服务市场竞争力和企业资源竞争力组成。产品或服务市场的竞争优势是企业获得超额利润的来源；而企业资源竞争优势则是产品市场竞争力的基础，也是企业竞争力可持续发展的保证，是一种潜在的竞争力。

信息技术在企业中应用的效用：利用信息技术支持企业现代管理，并将企业内部的资源能力延伸并转化为企业外部显性的市场竞争能力；还要将企业竞争优势转化为企业利润。因此，提升企业核心竞争力就是应用信息技术结合企业的现状和业务流程，坚持企业创新，即不断进行技术创新、组织创新、知识创新和管理创新。

企业技术创新使企业应用信息技术获取核心技术和技术创新战略，是基础；流程创新及流程再造（BPR）就是让企业在信息技术支持下，使企业的业务流程、工作流程和运作效率最优，获得核心业务和能力；组织制度和管理创新，就是企业在信息技术支持下，提高企业的自组织及自适应能力，使企业各部分、各部门和各环节等都能协同工作，是保证；知识创新就是企业在信息技术的支持和参与下，使企业"新陈代谢"，不断积累经验，形成学习型企业组织，提升企业的核心技能与知识资本，优化运作机制，使企业竞争力持续发展。企业创新最终的结果是使企业具有核心产品或服务市场竞争优势。企业创新离不开承载知识、能力和品德的高素质人才，这是提升企业核心竞争力的最活跃的主导因素。

二、信息技术应用的基本任务

（一）信息技术工具的五项信息处理任务

1. 采集

采集是指从各种来源获取信息的过程。这可以包括使用传感器收集实时数据、通过网络获取在线信息、扫描和数字化纸质文档等。采集任务旨在将信息转化为数字形式，以便后续处理和分析。

2. 存储

存储是指将采集到的信息保存在合适的介质中，以便后续访问和使用。这可以包括将数据存储在计算机的硬盘、数据库系统中，或者存储在云平台或其他存储设备中。存储任务旨在确保信息的长期保存和可靠性。

3. 处理

处理是指对存储的信息进行加工和转换的过程，这可以包括对数据进行排序、过滤、计算、统计分析等操作，以提取有用的信息和生成新的洞察力。处理任务旨在从原始数据中获取有意义的结果。

4. 传输

传输是指将处理后的信息从一个地点传递到另一个地点的过程。这可以包括通过网络进行数据传输、使用存储设备进行文件传输等。传输任务旨在确保信息能够在不同系统、设备或地点之间进行交流和共享。

5. 表达

表达是指将处理后的信息以适当的方式呈现给用户或相关方的过程。这可以包括生成报告、绘制图表、制作可视化界面等，以使信息更易理解和使用。表达任务旨在有效地传达信息，以满足用户的需求和目的。

这五项信息处理任务相互关联、相互依赖，共同构成了信息技术工具的核心功能。通过有效地完成这些任务，信息技术工具能够帮助人们更好地处理、存储、传输和应用信息，提高工作效率、支持决策制定，并促进创新和发展。

（二）信息技术的六项基本任务

1. 提高生产力，支持组织目标的实现

一方面，信息技术具有准确、大量存储、高速处理和远距离传输信息的能力，因此，信息技术能融入各种业务过程，并融合其他技术，成为实现组织目标新型生产力的组成部分。同时还能够大量缩短时间和空间、减少错误、降低成本、增加组织效益。例如，联机事务处理（OLTP）、事务处理系统（TPS）、客户集成系统（CIS）和自动柜员机（ATM）等信息技术；另一方面，信息技术作为管理与决策工具，能够确定并支持企业的关键成功因素和优化业务流程，从而保证了企业组织目标的实现。

2. 加速正确的决策制定过程

信息技术帮助决策者分析（例如，联机分析处理）并有效地支持决策的制定过程（如决策支持系统、经理信息系统和地理信息系统），或为决策者提供一些建议方案（如AI人工智能和DW数据仓库技术）等。

3. 密切团队协作

通过CSCWS（计算机支持协同系统）和群件等信息技术构建现代信息平台，支持信息共享、信息流动和沟通，从而改善团队的协调，利于他们之间的协同工作。

4. 建立企业战略伙伴关系和企业动态联盟

利用跨组织系统（IOS）、供应链管理（SCM）、企业资源计划（ERP）和电子数据交换（EDI）等信息技术及其整合系统，管理企业供应链和价值链，共享彼此的专长及智慧，实行优势互补，从而构建起良好的企业伙伴关系及企业动态联盟系统。

5. 推动组织变革与管理创新

利用或依赖人们所获得的信息和信息技术，对企业进行企业流程管理（BPM）和企业流程改善（BPI）甚至企业流程再造（BPR），不断地改善企业的业务流程、管理流程、组织结构、内部与外部因素和企业文化，以快速适应环境的变化及多样化需求的变化；利用变革和创新来提高企业的快速反应能力及灵活性，使企业获得持续的竞争优势。

6. 实现全球化

利用因特网和同声翻译电话及电视系统，在全球范围内开展各种业务流程活动，引进全球性的先进技术、管理及其他专长智慧，以推动企业全球化和经济一体化。

三、信息主体技术与技术体系

（一）信息主体技术的组成（四元组）

1. 感测技术

感测技术指对信息或信号的识别、检测、提取、变换以及某些有关收集信息（信号）的处理技术。它是人类感觉器官功能的延伸。其中，人的视觉信息占79%，听觉信息占19%，其他信息占2%。例如，雷达、测试仪、各种传感器及仪表和遥测技术等。

2. 通信技术

通信技术指对信息的传输、交换、转接和交流与沟通，也包括跨越时空域传递信息的存储转发技术。它是人类神经传导功能的延伸。

3. 计算机及信息处理应用技术

计算机及信息处理应用技术指利用计算机硬件、软件、数据库、人工智能、神经网络和多媒体等技术，使用各种模型（物理、数学和计算机的），对信号或信息（数据）按照目标要求和客户需求进行各种处理或加工的综合技术。它是人的思维器官的延伸。

4. 控制技术

控制技术指调节、测试和控制技术，以实现人类的既定目标。它是人类在中枢神经支配下进行的各种有效调控或协调活动的延伸。

（二）信息技术体系

1. 信息技术的基础技术

如半导体微电子学、光电子学、超导电子学、生物电子学等基础科学理论都是信息技术的基础，而信息技术是基础技术的衍生物（主要是指超大规模集成电路和集成光路等基础技术）。

2. 信息技术的主体作业技术

信息技术的主体作业技术包括四大类，即获取及感测技术（如雷达、遥感、传感、检测、探测和遥测等测量、计量或提取技术）；传输技术（如通信、交换、广播、电视、邮递、网络传送等技术）；处理技术（利用计算机进行分析、计算、处理、仿真、模拟等技术）；控制技术（如显示、人机接口界面、自控、遥控、自适应和机器人等技术）。

3. 信息技术的系统集成应用技术

信息技术的系统集成应用技术将各种信息技术和信息系统集成为各种各样的计算机信息系统，如：①EDPS、MIS（MRP Ⅱ、ERP、IRM）、OAS 和 KWS；②DSS、GDSS 和 IDSS；③ES、KPS 和 AI；④DBS、KBS 和 MBS；⑤CAD、CAM、CAPP、CAE、CAT 和 FMS 等；⑥CIMS 和 CIPS 等集成系统；⑦计算机网络信息系统、Web 系统和电子商务系统（包括电子政务系统、电子医疗系统、远程教育系统等）。

第二章　现代计算机技术架构

第一节　计算机及其发展趋势

一、计算机的特点

第一，自动运行程序，实现操作自动化。利用计算机解决问题时，启动计算机并输入编制好的程序后，计算机可以自动执行，一般不需要人直接干预运算、处理和控制过程，实现操作的自动化，这是计算机最突出的特点。

第二，运算速度快。计算机的运算速度是计算机的一个重要性能指标，通常用每秒执行定点加法的次数或平均每秒执行指令的条数来衡量。巨型计算机的运算速度已达到每秒千万亿次，微型计算机也可达每秒亿次以上，这就使大量复杂的科学计算问题得以解决。例如，卫星轨道的计算、大型水坝的计算、24小时天气预报的计算等，过去人工计算需要几年、几十年，而现在用计算机只需几天甚至几分钟就可完成。

第三，精确度高。计算机计算精度高，其数字位数可根据实际需要进行取舍。

第四，具有记忆（存储）能力。计算机能"记忆"信息，或者说存储信息。现在的计算机，能把一套900万字的百科全书存入一张光盘中，把一年的报纸内容存储在一个闪存盘中。

第五，具有逻辑判断能力。计算机具有逻辑判断和推理能力，不仅能计算数值数据，也能处理非数值数据，使计算机能广泛应用于非数值数据处理领域，如信息检索、驾驶飞机和汽车、辅助学习、诊治疾病、语言翻译、处理文件、识别图像、控制机器人等。

二、计算机的类别

（一）依据信息表示形式和处理方式进行分类

计算机处理的信息，在机内可用离散量或连续量两种不同的形式表示。离散量又称断续量,即用二进制数字表示的量(如用断续的电脉冲来表示数字 0 或 1)。连续量则用连续变化的物理量(如电压的振幅等)表示被运算量的大小。可用一个通俗的比喻来大致说明离散量和连续量的含义。在传统的计算工具中,算盘运算时,是用一个个分离的算珠来代表被运算的数值,算珠可看成是离散量;而用计算尺运算时,是通过拉动尺片,用计算尺上连续变化的长度来代表数值的大小,这便是连续量。

1. 数字计算机

数字计算机内部的信息用数字"0"和"1"来表示,数字计算机精度高、存储量大、通用性强。人们通常所说的计算机就是指电子数字计算机。

2. 模拟计算机

模拟计算机是用连续变化的模拟量来表示信息,计算精度较低,所有的处理过程均须模拟电路来实现,电路结构复杂,抗外界干扰能力差。美国贝尔实验室于 1947 年研制出第一台全电子直流模拟计算机。1959 年,我国天津市电子仪器厂研制出具有非线性部件的模拟计算机,并投入小批量生产。该机可解 12 阶线性和非线性微分方程;后又试制成东风模拟计算机,可解 6 阶线性和非线性微分方程。这是中国最早进行批量生产的模拟计算机。

3. 数字模拟混合计算机

数字模拟混合计算机既能处理数字量,又能处理模拟量。我国于 20 世纪 60 年代中期,先后研制出多种型号的数字模拟混合计算机。如 M-2、M-6 等大型混合模拟计算机,就是这一时期的成果。

(二) 依据计算机的用途进行分类

1. 通用计算机

通用计算机的用途广泛,功能齐全,可适用于各个领域,一般的数字计算机多属此类。

2. 专用计算机

专用计算机是为某一特定用途而设计的计算机。它的硬件和软件的配置依据解决特定问题的需要而定。如工厂使用的工控机、超市收银机等就是专用计算机。

(三) 依据计算机的规模与性能进行分类

计算机按其规模、速度和功能可分为巨型计算机、大型计算机、小型计算机、微型计算机和工作站五种类型。这些类型之间的基本区别通常在于体积大小、结构复杂性、功率消耗、性能指标、数据存储容量、指令系统、软件配置等方面的不同。

1. 巨型计算机

巨型计算机（又称超级计算机）是运行速度最快、处理信息量最大、容纳用户最多、价格最高的一种计算机。巨型计算机可以执行非常复杂的计算，并且能够完成复杂数据的综合分析，一般用于求解复杂的科学计算问题。例如，计算并绘制洲际弹道导弹的运行轨迹、进行中长期天气预报、实现卫星及飞船的空间导航等。

2. 大型计算机

大型计算机在规模上不及巨型计算机，但也有很高的运算速度、很大的存储容量和很强的数据处理能力，一般用于大型企业和一般的科研部门，以及需要进行大量数据处理、存储和管理的其他部门和机构。IBM 公司是全球大型计算机的主要提供商，平均每台 IBM 大型计算机的起步价约为 100 万美元。

3. 小型计算机

小型计算机规模较小，成本较低，维护容易且用途广泛，既可以用于科学计算，又可以用于数据处理，适合中小型企业、单位采用。IBM、HP 和 SUN 公司是全球小型计算机的重要提供商，如 IBM pSeries、HP9000 系列小型计算机拥有广泛的用户，售价几万到数十万美元。

4. 微型计算机

微型计算机又称个人计算机（PC），包括台式计算机和笔记本式计算机。它有体积小、功耗小、成本低等优点，性能价格比明显高于其他类型计算机，因而得到了广泛应用。

5. 工作站

工作站是一种高档的微型计算机，介于小型计算机和 PC 之间。工作站和 PC 的主要区别在于工作站通常配有高分辨率的大屏幕显示器、很大容量的内存储器和外存储器，并且具有较强的信息处理功能和高性能的图形图像功能及联网功能，特别适合于 CAD/CAM 和办公自动化。这里讲的工作站和网络系统中的工作站有些区别，网络中的工作站可以是通常的 PC，而这里描述的工作站则具有比普通 PC 更高一级的计算机配置。

三、计算机技术的发展趋势

计算机技术是世界上发展最快的科学技术之一，产品不断升级换代。当前计算机正朝着巨型化、微型化、智能化、网络化等方向发展，计算机本身的性能越来越优越，应用范围也越来越广泛，从而使计算机成为工作、学习和生活中必不可少的工具。未来计算机技术发展的趋势如下：

（一）多极化

如今，个人计算机已席卷全球，但由于计算机应用的不断深入，对巨型机、大型机的需求也稳步增长，巨型机、大型机、小型机、微型机各有自己的应用领域，形成了一种多极化的形势。如巨型计算机主要应用于天文、气象、地质、核反应、航天飞机和卫星轨道计算等尖端科学技术领域和国防事业领域，它标志着一个国家计算机技术的发展水平。

（二）智能化

智能化使计算机具有模拟人的感觉和思维过程的能力，使计算机成为智能计算机。这也是目前正在研制的新一代计算机要实现的目标。智能化的研究包括模式识别、图像识别、自然语言的生成和理解、博弈、定理自动证明、自动程序设计、专家系统、学习系统和智能机器人等。

（三）网络化

网络化是计算机发展的又一个重要趋势。从单机走向联网是计算机应用发展的必然结果。所谓计算机网络化，是指用现代通信技术和计算机技术把分布在不同地点的计算机互联起来，组成一个规模大、功能强、可以互相通信的网络结构。网络化的目的是使网络中的软件、硬件和数据等资源能被网络上的用户共享。目前，大到世界范围的通信网，小到实验室内部的局域网，都已经很普及，因特网已经连接包括我国在内的 150 多个国家和地区。由于计算机网络实现了多种资源的共享和处理，提高了资源的使用效率，因而深受广大用户的欢迎，得到越来越广泛的应用。

（四）多媒体化

多媒体计算机是当前计算机领域中最引人注目的高新技术之一。多媒体计算机就是利用计算机技术、通信技术和大众传播技术来综合处理多种媒体信息的计算机。这些信息包括文本、视频、图形图像、声音、文字等。多媒体技术使多种信息建立了有机联系，并集成为一个具有人机交互性的系统。

第二节　计算机硬件系统技术

一、计算机存储器系统

(一) 存储器概述

1. 存储器的类型

存储器是由一定的存储介质构成的，具有记忆功能的物理载体。在目前的存储器系统中，常用的存储介质主要包括半导体器件（如微型计算机的各种内存）、磁性材料（磁盘、磁带等）和光学材料（光盘等）。其中，半导体存储器在各种微型计算机系统中得到了广泛的应用。

根据存取方式的不同，半导体存储器可分为随机存取存储器（RAM）和只读存储器（ROM）两类。

（1）RAM。RAM（也称为读写存储器），是一种易失性存储器，其特点是在使用过程中，信息可以随机写入或读出，但一旦掉电，信息就会自然丢失。

按照制造工艺来分，RAM 可以分为双极型和 MOS 型［金属（Metal）氧化物（Oxide）、半导体（Semiconductor）］两种。前者速度快、功耗大，主要用于高速微型计算机系统或高速缓存（Cache）中；后者功耗低、集成度高，是目前微型计算机系统的主要应用对象。MOS 型 RAM 又可进一步分为静态 RAM（SRAM）和动态 RAM（DRAM）两种。SRAM 集成度低，主要用于中小容量的单片机等微型计算机系统中；而 DRAM 主要面向 80×86 等需要较大容量内存的微型计算机系统。

（2）ROM。ROM 是一种在工作过程中只能读不能写的非易失性存储器，掉电后其所存信息不会丢失，通常用来存放固定不变的重要程序和数据，如引导（BOOT）程序、基本输入/输出系统（BIOS）程序等。按 ROM 的性能和应用场合不同，ROM 又可划分为掩膜 ROM、可编程 ROM（PROM）或单次可编程 ROM（OTPROM）、紫外线可擦除可编程 ROM（EPROM 或 UV-EPROM）、电可擦除可编程 ROM（EEPROM）、Flash 存储器等。

2. 半导体存储芯片的基本结构

（1）存储体。存储体是实现信息记忆的主体，由若干个存储单元组成。每个存储单元又由若干个基本存储电路（或称存储元）组成，每个基本存储电路可存放 1 位二进制信息。通常，一个存储单元为 1B，存放 8 位二进制信息，即以字节来组织。为了区分不同的存储单元以便于读/写操作，每个存储单元都有一个地址（称为存储单元地址），中央处理器（CPU）访问时按地址访问。为了简化芯片封装和内部译码结构，存储体按照二维矩阵的形式来排列存储元电路。

体内基本存储元的排列结构通常有两种方式：一种是"多字一位"结构（简称位结构），即将多个存储单元的同一位排在一起，其容量表示成 N 字×1 位，例如，1K×1 位，4K×1 位；另一种是"多字多位"结构（简称字结构），即将一个单元的若干位（如 4 位、8 位）共若干个单元连在一起，其容量表示为 N 字×4 位或 N 字×8 位。如静态 RAM6264 为 8K×8 位，62256 为 32K×8 位等。

（2）地址译码器。接收来自 CPU 的 n 位地址并进行译码，产生 2n 个地址选择信号，可以实现对片内存储单元的地址选择。

（3）控制逻辑电路。接收片选信号及来自 CPU 的读/写信号 R/，形成芯片内部控制信号，以实现对存储体内部单元内容的读出和写入。

（4）数据缓冲器。用于暂时存放来自 CPU 的写入数据或从存储体内读出的数据。暂存的目的是协调 CPU 和存储器之间在速度上的差异，以防止出现数据冲突。

3. 半导体存储器的性能指标

衡量半导体存储器性能的指标很多，主要考虑存储器容量和存取时间。

（1）存储容量。存储容量是指存储器可以存储的二进制信息的总量。其中，一个二进制位（bit）为最小存储单位，8 个二进制位为 1B（Byte，字节）。一般微型计算机都是按字节编址的，因此字节是存储器容量的基本单位。目前使用的存储容量达 MB（兆字节）、GB（千兆字节）、TB（兆兆字节）或更大的存储空间。

（2）存取时间。存储器的存取时间又称为存储器访问时间或读/写时间，是指从启动存储器操作到完成该操作所经历的时间。例如，读出时间是指从 CPU 向存储器发出有效地址和读命令开始，直到将被选单元的内容读出送上数据总线为止所用的时间；写入时间是指从 CPU 向存储器发出有效地址和写命令开始，直到信息写入被选中单元为止所用的时间。内存的存取时间通常用 ns（纳秒）表示。

（3）功耗。一般存储器芯片的工作功耗都在毫瓦（mW）级左右。功耗越小，存储器件的工作稳定性越好。芯片的使用手册中常给出维持功耗和工作功耗两个指标，大多数半导体存储器的维持功耗小于工作功耗。

（4）环境温度。存储器芯片对于工作的周围环境温度有一定要求，按照对环境温度的要求不同，可把芯片分为民用级（0～70℃）、工业级（-40～85℃）和军用级（-55＋125℃）。工作的环境温度范围越宽，表明芯片对周围工作环境的温度要求越低，但芯片的成本往往会越高。

（5）可靠性。可靠性是指在规定的时间内，存储器无故障存取的概率。可靠性通常用平均无故障时间（MTBF）来衡量。MTBF 可理解为两次故障之间的平均时间间隔，这个值越大则说明存储器的可靠性越高。存储器芯片的 MTBF 大都在几千小时甚至更长。

4. 微型计算机系统的存储器体系结构

（1）分级结构。微型计算机系统的存储器可分为高速缓存（Cache）、主存和辅存。它们的存取速度依次递减，存储容量依次递增，而位价格依次降低。

第一级存储器是高速缓冲存储器（Cache），位于 CPU 和主存之间，用来存放 CPU 频繁使用的指令和数据，目前容量可达到 8MB。Cache 存储器所用的芯片都是高速的，其存取速度与微处理器相当。设置高速缓冲存储器是现代微型计算机中最常用的一种方法，从80486 开始，一般也将它们或它们的一部分（8～16KB）制作在 CPU 芯片中。因此，目前的高速缓冲存储器大都具有两级或三级 Cache 结构（CPU 内 Cache 和 CPU 外 Cache）。

第二级是内存储器，主要存放运行的程序和数据。由于 CPU 的寻址大部分落在高速缓冲存储器上，内存就可以采用速度稍慢的存储器芯片，因而降低了对存储器芯片的速度要求。在现代微型计算机系统中，内存可以达到几 GB 甚至几十 GB 的容量。

最低一级存储器是大容量的外存（磁带、软盘、硬盘、光盘等），又称为"海量存储器"。这些存储器往往由 CPU 通过 I/O 接口进行信息存取，但存取速度比内存慢得多。这种存储器的平均存储费用很低，所以，往往作为后备的大容量存储器应用。另外，在现代微型计算机系统中，硬盘、光盘等外存还广泛用作虚拟存储器的硬件支持。

由以上分析可知，计算机中采用的是一个具有多级层次结构的存储系统，该系统既有与 CPU 相近的速度，又有较大的容量，成本也较低。高速缓存 Cache 解决了存储系统的速度问题，辅存解决了存储系统的容量问题，这样，就达到了存储器速度、容量和价格之间的一个有效平衡。

（2）虚拟存储器结构。现代微型计算机系统在分级存储器结构的基础上，通过对内存和外存进行统一编址，并借助于实际的海量存储硬盘或光盘存储器，形成一个虚拟存储器，其容量比实际的内存要大很多，但是存取速度却比外存快很多。

虚拟存储器的编址方式称为虚拟地址或逻辑地址，这种方式可以使得程序员在编写软件时不用考虑计算机的实际内存容量，而可以写出比实际配置的内存容量大很多的各类程序。编写好的程序预先放在外存储器中，在操作系统的统一管理和调度下，按某种算法调入内存储器（没有被执行的程序依然放在外部存储器上）并被 CPU 执行。这样，从 CPU 看到的就是一个速度接近内存但容量却远大于内存的虚拟地址空间。

虚地址空间是程序可用的空间，而实地址空间是 CPU 可访问的物理内存空间。一般虚地址空间远远大于实地址空间，例如，Pentium 处理器的实地址空间为 232B（4GB），而虚地址空间则可多达 246B（64TB）。程序员采用的是虚拟地址，而 CPU 在执行程序的时候采用的是物理地址。因此，存在一个从虚拟地址向物理地址转换的过程，这种过程也称为地址映射。采用何种映射方式主要取决于计算机采用的虚拟存储器管理方式，这种管理方式目前主要分为三类：页式管理、段式管理和段页式管理。

虚拟存储器结构极大地提高了微型计算机系统中存储系统的性能，实质上也等效于提高了微型计算机系统的整体性能。

（二）随机存取存储器

1. 静态 RAM

静态 RAM（SRAM）是一种静态随机存储器。它的存储电路由 MOS 管触发器构成，用触发器的导通和截止状态来表示信息"0"或"1"，与动态 RAM 相比，不需要额外地刷新电路系统。

其特点是速度快，工作稳定，使用方便灵活，但由于它所用 MOS 管较多，致使集成度低，功耗较大，成本也高。在微型计算机系统中，SRAM 常用于小容量的 Cache。

2. 动态 RAM

动态 RAM（DRAM）通过利用 MOS 管的栅极分布电容的充放电来表示存储的信息，充电后表示"1"，放电后表示"0"。由于电容存在漏电现象，电容电荷会因为漏电而逐渐丢失，因此，必须定时对 DRAM 进行充电（称为刷新）。在微型计算机系统中，DRAM 常被用作内存（即内存条）。

在 DRAM 中，存储信息的基本电路可以采用四管电路、三管电路和单管电路，管子的数量越少，芯片的集成度也越高。因此，目前多采用单管电路作为存储器基本电路。

3. PC 内存条

DRAM 具有高集成度、低功耗和成本低等优点，所以，一般大容量存储器系统均由半导体 DRAM 组成。在 PC 中，为了节省主板空间，并考虑便于扩充内存容量和更换等目的，出现了内存条的概念。内存条通常由若干个 DRAM 芯片组成，并将其焊接在一个具有特定规格和形状的 PCB 板上。在 PC 主板上有相应的内存条的插座，随着计算机性能的不断提高，内存条的种类和性能也不断地更新换代。

早期的 386、486 和 586 计算机普遍采用 FPMDRAM，即把一组 DRAM 安装在一块 PCB 板上，称为 SIMM 内存条。EDORAM 是另外一种 SIMM 内存条，在早期的 486 计算机和奔腾计算机中得到了应用。为了解决 CPU 和内存之间的速度匹配问题，后续出现了 SDRAM（Syn-chronousDRAM，同步 DRAM），这是一种目前在 PC 中广泛使用的存储器类型，具体包括多种类型，如 DDRSDRAM、DDR2SDRAM 和 DDR3SDRAM。

目前，内存条的发展趋势是：供电电压越来越低，集成度越来越高，性能越来越先进，容量越来越大。

（三）只读存储器

1. 掩膜 ROM

掩膜 ROM 中的信息是由生产厂家在制造过程中写入的，用户在使用时只能进行读出操作。掩膜 ROM 在制作完成后，存储的信息就不能再改写了，如果 ROM 中的内容出现错误，则整个一批芯片都要报废，因此，在进行掩膜之前必须确保 ROM 中内容的正确性。这种 ROM 由于结构简单、集成度高、成本较低，主要用于大批量生产。

2. 紫外线可擦除 ROM

在实际的工程应用中，程序可能会根据需要进行修改和升级，这种情形下，最好采用可以多次擦除和烧写的 ROM 存储器。由于 PROM 只能烧写一次，在实际产品开发和应用中受到一定的限制，因而能够重复擦写的 EPROM 得到了广泛的应用。

EPROM 的芯片顶部开有一个圆形的石英窗口，通过紫外线的照射可将片内所存储的原有信息擦除。根据需要可利用 EPROM 的专用编程器（也称为"烧写器"）对其进行编程，因此这种芯片可反复使用。

3. 电可擦除可编程 ROM

虽然 EPROM 应用范围较广，但在使用时须从电路板上拔下，还须用专门的紫外线擦除器进行信息擦除，因此操作起来比较麻烦；另外，芯片的频繁拔插可能导致管脚的机械损坏。这些特点使得 EPROM 的应用范围受到了一些限制。近年来，出现了另外一种新型的 ROM 器件，即 EEPROM。这种存储器是一种可用电压在线擦除和编程的存储器，在智能工业仪器仪表中得到了广泛应用，主要存储各种变化不太频繁的数据和表格等。EEPROM 兼有 ROM 和 RAM 的功能，既具有断电情况下数据保存的功能，又具有灵活的数据在线改写功能。

4. Flash 存储器

Flash 存储器又称为闪速存储器（闪存）、快速擦写存储器或快闪存储器，是由 Intel 公司于 20 世纪 90 年代初发明的一种新型非易失性存储器。Flash 存储器内的数据信息可保持 10 年，又可以在线擦除和重写。闪速存储器是由 EEPROM 发展起来的，因此，它属于 EEPROM 类型，但相比之下又具有成本低、功耗低、密度和集成度高等优点。

近年来，Flash 存储器广泛应用于电信、互联网设备、汽车、数码相机/摄像机/记录器、图像处理等领域。由于闪速存储器所具有的独特优点，在微型计算机系统中，Flash 存储器常用于保存系统的引导程序、系统参数等，Pentium 以后的主板都采用了这种存储器存放 BIOS 软件即 Flash BIOS，由于闪速存储器可擦可写，使 BIOS 升级非常方便快捷。

二、计算机嵌入式系统

（一）嵌入式硬件系统

1. 嵌入式系统的硬件组成

嵌入式系统的硬件由嵌入式微处理器、存储器、电源模块、各种输入/输出接口、通信模块、人机接口、总线及外部设备等组成。嵌入式系统的硬件层以嵌入式微处理器为核心，再加上电源电路、时钟电路和存储电路等，构成嵌入式核心模块，即嵌入式最小系统。对于复杂的嵌入式系统可以在最小模式下根据应用需求进行扩展，以最低成本满足应用系统的要求。

嵌入式微处理器以片上系统（SoC）技术为多，通常包括嵌入式内核、数字协处理器、内存管理器（MMU）、各个通信接口（CAN 总线接口、以太网接口、USB 接口、C 总线接口以及 UART/IrDA 接口等）、通用的 GPIO 接口、定时器 Timer/RTC、液晶显示器 LCD、ADC/DAC 和 DMA 控制器等模块。目前，常用的处理器为 ARM 微处理器，在信息处理能力要求比较高的场合，可以采用 DSP 进行信号处理。

存储器的类型包括 ROM、RAM、Flash。一般操作系统和应用程序固化在 ROM 中，大量数据信息可存于 RAM 或 Flash 中，Flash 以可擦写次数多、存储速度快、容量大及价格便宜等优点在嵌入式领域得到广泛应用。

随着 EDA 技术的发展，嵌入式系统硬件也常采用可编程逻辑阵列技术，即现场可编程门阵列（FPGA）或复杂可编程逻辑器件（CPLD），使得系统具有可编程的功能，极大地提高了系统的在线升级、换代能力。

电源模块主要为嵌入式微处理器及周边硬件电路提供电源，数字电路常用的电压为1.85V、±2.5V、3.3V、±5V 等，而模拟电路常用的电压为±5V、±12V、±15V、±24V 等。

输入/输出接口一般用于嵌入式系统接收来自传感器、变送器、开关等监测部件的输出信号，或向伺服机构输出控制信号。

嵌入式系统的总线一般集成在嵌入式微处理器中。从微处理器的角度来看，总线可分为片外总线（如 PCI、ISA 等）和片内总线（如 AMBA、AVAION、OCP 和 WISHBONE 等）。选择总线和嵌入式微处理器密切相关。

2. 嵌入式微处理器

（1）嵌入式微处理器的体系结构

第一，冯·诺依曼结构。冯·诺依曼结构也称为普林斯顿结构，是一种将程序指令存储器和数据存储器合并在一起的存储器结构。程序指令存储地址和数据存储地址指向同一个存储器的不同物理位置，因此，程序指令和数据的宽度相同，如 Intel 公司的 8086 微处理器的程序指令和数据都是 16 位宽。将指令和数据存放在同一存储空间中，统一编址，指令和数据通过同一总线访问。

处理器在执行任何指令时，都要先从存储器中取出指令解码，再取操作数执行运算。这样，即使单条指令也要耗费几个甚至几十个时钟周期，在高速运算时，在传输通道上会出现瓶颈效应。

目前，使用冯·诺依曼结构的中央处理器和微控制器有很多，如 Intel 公司的 8086 系列微处理器、ARM 公司的 ARM7、MIPS 公司的 MIPS 系列微处理器等。

第二，哈佛结构。哈佛结构是一种将程序指令存储和数据存储分开的存储器结构。其主要特点是程序指令和数据存储在不同的存储空间中，即程序存储器和数据存储器是两个相互独立的存储器，每个存储器独立编址、独立访问。由于程序和数据存储器在两个分开的物理空间中，可以使指令和数据有不同的数据宽度，并且取指和执行能完全重叠。

与之相对应的是系统中设置的两条总线（程序总线和数据总线），允许在一个机器周期内同时获取指令字（来自程序存储器）和操作数（来自数据存储器），从而提高了执行速度，使数据的吞吐率提高了 1 倍，数据的移动和交换更加方便，尤其提供了较高的数字信号处理性能。

目前，使用哈佛结构的中央处理器和微控制器有很多，除了所有的 DSP 处理器，还有 Motorola 公司的 MC68 系列、Zilog 公司的 Z8 系列、Atmel 公司的 AVR 系列和 ARM 公司的 ARM9、ARM10 和 ARM11 系列微处理器等。

（2）嵌入式微处理器的类型

第一，嵌入式微控制器。嵌入式微控制器（EMU），通常也称为微控制器（MCU）或单片机。

嵌入式微控制器一般以某一种微处理器内核为核心，芯片内部集成 ROM/EPROM、RAM、Flash、定时/计数器、I/O 口、A/D、D/A、串行口、PWM（脉宽调制）、总线及总线逻辑等各种必要功能模块和外设，达到计算机的基本硬件配置。近年来，单片机的集成度更高，将通用的 USB、CAN 及以太网等现场总线接口集成于芯片内部。

微控制器的最大特点是单片化、体积小、抗电磁辐射，从而使能耗和成本下降，可靠性提高。微控制器被广泛应用在仪器仪表、通信、航天和家电等领域。目前，嵌入式微控制器的品种和数量很多，比较具有代表性的产品有 MCS-8051 系列、P51XA、MCS-251、MCS-96/196/296、MC68HC05/11/12/16 等。

第二，嵌入式数字信号处理器。嵌入式数字信号处理器（EDSP），有时也简称为DSP，是专门用于嵌入式系统的数字信号处理器。嵌入式 DSP 是对普通 DSP 的系统结构和指令系统进行了特殊设计，使其更适合 DSP 算法、编译效率更高、执行速度更快。嵌入式DSP 有两个发展来源：①把普通 DSP 的处理器经过单片化和 EMC（电磁兼容）改造，增加片上外设，形成嵌入式 DSP，如 TI 公司的 TMS320C2000/C5000 等；②在通用单片机或SOC（片上系统）中增加 DSP 协处理器，如 Intel 公司的 MCS-296。

嵌入式 DSP 在数字滤波、FFT、频谱分析等仪器上，使用较为广泛。当然，不同方式形成的嵌入式 DSP 具有不同的应用方向。单片化的嵌入式 DSP 主要应用在各种带智能逻辑的消费类产品、生物信息识别终端、带加/解密算法的键盘、ADSL 接入、实时话音解压系统、虚拟现实显示等需要大量 DSP 运算的嵌入式应用中。而在单片机或 SOC 中增加DSP 协处理器，主要目的是增强嵌入式芯片的 DSP 运算能力，提高嵌入式处理器的综合性能。

嵌入式 DSP 中比较有代表性的产品有 TI 公司的 TMS320 系列和 Motorola 公司的DSP56000 系列。

第三，嵌入式微处理器。嵌入式微处理器（EMPU），也称为嵌入式微处理器单元。这类微处理器是专门为嵌入式应用而设计的，在设计阶段已充分考虑了处理器应该对实时多任务有较强的支持能力；处理器结构可扩展，可以满足不同应用需求的嵌入式产品；处理器内部集成了测试逻辑，便于测试；为了满足嵌入式应用的特殊要求，在工作温度、抗电磁干扰、可靠性等方面做了各种增强设计，因此，具有体积小、质量轻、功耗低、成本低及可靠性高的优点。通常狭义上所讲的嵌入式微处理器就是专门指这种类型的微处理器。目前，典型的嵌入式微处理器产品有 ARM、MIPS、PowerPC、Motorola68K 等。

第四，嵌入式片上系统。嵌入式片上系统（Embedded System On Chip，ESOC），简称为 SOC，是 20 世纪 90 年代后出现的一种新型的嵌入式集成器件。片上系统实质上就是在一个硅片上实现一个系统。将各种通用处理器内核、具有知识产权的标准部件、标准外设作为为片上系统设计公司的标准器件，这些标准器件通常以标准的 VHDL 等硬件语言描述，存储在器件库中。用户只须定义出其整个应用系统，仿真通过后就可以将设计图交给半导体工厂制作样品。这样，除个别无法集成的器件外，整个嵌入式系统基本上可以集成到一块或几块芯片中。应用系统电路将变得特别简洁，不仅减小了系统的体积和功耗，而且提高了系统的可靠性和设计生产效率。

它的最大特点是成功地实现了软件和硬件的无缝结合，直接在处理器的片内嵌入了操作系统。SOC 代表了嵌入式系统的未来发展方向，但由于费用问题，目前还不可能完全取代 EMU、EDSP、EMPU 等其他形式的嵌入式应用系统。

3. 主流的嵌入式微处理器

（1）ARM 微处理器。ARM 是高级精简指令系统处理器的英文缩写，也是设计 ARM 处理器的公司的简称。

ARM 微处理器采用 RISC 体系结构，体积小、功耗低、成本低、性能高，支持 Thumb（16 位）/ARM（32 位）双指令集，能很好地兼容 8 位/16 位器件，大量使用寄存器，指令执行速度更快，大多数数据操作都在寄存器中完成，寻址方式灵活简单，执行效率高，指令长度固定。除此之外，ARM 微处理器还使用地址自动增加或减少来优化程序中的循环处理，使用 LDM/STM 批量传输数据指令等一些特别的技术，在保证高性能的同时尽量减小芯片体积，降低芯片功耗。

（2）PowerPC 微处理器。PowerPC 微处理器是早期 Motorola 公司和 IBM 公司联合为 Apple 公司的 Mac 机开发的 CPU 芯片，商标权同时属于 IBM 公司和 Motorola 公司，并成为两家公司的主导产品。苹果笔记本电脑和苹果的台式机一样，并不采用 Intel 或 AMD 之类的处理器，而是采用了 PowerPC 处理器。尽管他们的产品不一样，但都采用 PowerPC 的内核。这些产品大都用在嵌入式系统中。

PowerPC 微处理器属于精简指令集计算机系统（RISC）。PowerPC 架构是 64 位的架构，允许地址空间和定点数计算扩充到 64 位，而且支持 64 位模式和 32 位模式之间的动态切换。在 32 位模式下，64 位 PowerPC CPU 可以执行为 32 位 PowerPC CPU 编译的二进制应用代码。PowerPC 的指令集是 32 位固定长度，提供一套通用寄存器用于定点数的计算和内存地址计算，PowerPC 还提供单独一套浮点寄存器用于浮点数据的运算。PowerPC 架构将程序控制、定点数计算、浮点数计算分开，因此，多个功能单元可以并行独立执行不同的指令。

IBM 公司的 PowerPC 微处理器芯片产品有 4 个系列，分别是 4×× 综合处理器、4×× 处理器核、7×× 高性能 32 位处理器和 9×× 超高性能 64 位处理器。

Motorola 公司迄今为止共生产了 6 代 PowerPC 产品，即 G1、G2、G3、G4、G5 和 G6，Motorola 公司生产的 PowerPC 微处理器芯片产品编号前有"MPC"前缀，如 G5 中的 MPC855T，G6 中的 MPC860DE～MPC860P 等。

由此可见，PowerPC 系列处理器的品种较多，它们的功率消耗、体积、集成度、价格的差别很大，既有通用处理器，又有嵌入式控制器和内核，应用范围非常广泛，从高端工作站、服务器到桌面计算系统，从消费类电子产品到大型通信设备，都有着广泛的应用。

（3）MIPS 微处理器。无内部互锁流水级微处理器（MIPS）是世界上很流行的一种 RISC 处理器，由 MIPS 技术公司所开发。MIPS 技术公司是美国一家设计高性能、高档次嵌入式 32/64 位微处理器芯片的公司，在 RISC 处理器方面占有重要地位，它采用精简指令集计算机结构来设计芯片。MIPS 是出现最早的商业 RISC 架构芯片之一，新的架构集成了所有原来 MIPS 指令集，并增加了许多更强大的功能。MIPS 也是一种处理器的内核标准。MIPS 体系结构具有良好的可扩展性，并且能够满足超低功耗微处理器的需求。

MIPS 处理器的机制是尽量利用软件办法避免流水线中的数据相关问题。MIPS 技术公司的 R 系列就是在此基础上开发的 RISC 工业产品的微处理器。这些系列产品为很多计算机公司采用，构成各种工作站和计算机系统。

20 世纪 90 年代末，MIPS 体系结构进入了一个全新的时期，成为嵌入式处理器市场上的领先体系结构。MIPS 处理器的系统结构及设计理念比较先进，强调软件和硬件协同提高性能，同时简化硬件设计，其指令系统经过通用处理器指令体系 MIPSI～MIPSV 的升级，嵌入式指令体系 MIPS16、MIPS32 到 MIPS64 的发展已经十分成熟。此外，为了使嵌入式设计人员更加方便地应用 MIPS 处理器，MIPS 技术公司推出了一套集成的开发工具——MIPSIDF（MIPS Integrated Development Framework）。

在嵌入式方面，MIPSK 系列微处理器是目前仅次于 ARM 的用得最多的处理器之一，其应用领域覆盖游戏机、路由器、激光打印机、掌上计算机及机顶盒等各个方面。

（二）嵌入式软件系统

1. 嵌入式软件的基本特征

（1）具有独特的实用性。嵌入式软件是为嵌入式系统服务的，这就要求它与外部硬件和设备联系紧密。嵌入式系统以应用为中心，嵌入式软件是应用系统，根据应用需求定向开发，面向产业、面向市场，需要特定的行业经验。每种嵌入式软件都有自己独特的应用环境和实用价值。

（2）应有灵活的适用性。嵌入式软件通常可以认为是一种模块化软件，它应该能非常方便、灵活地运用到各种嵌入式系统中，而不会破坏或更改原有的系统特性和功能。首先它要小巧，不能占用大量资源；其次要使用灵活，应尽量优化配置，减小对系统的整体继承性，升级更换灵活方便。

（3）规模小，开发难度大。嵌入式软件的规模一般比较小，多数在几 MB 以内，但开发的难度大，需要开发的软件可能包括板级初始化程序、驱动程序、应用程序和测试程序等。嵌入式软件一般都要涉及低层软件的开发，应用软件的开发也是直接基于操作系统的。这需要开发人员具有扎实的软、硬件基础，能灵活运用不同的开发手段和工具，具有较丰富的开发经验。

（4）实时性和可靠性要求高。大多数嵌入式系统都是实时系统，有实时性和可靠性的要求。这两方面除了与嵌入式系统的硬件（如嵌入式微处理器的速度、访问存储器的速度和总线等）有关外，还与嵌入式系统的软件密切相关。

嵌入式实时软件对外部事件做出反应的时间必须快，在某些情况下还需要是确定的、可重复实现的，不管当时系统内部状态如何，都是可预测的。

嵌入式实时软件需要有处理异步并发事件的能力。在实际环境中，嵌入式实时系统处理的外部事件不是单一的，这些事件往往同时出现，而且发生的时刻也是随机的，即异步的。嵌入式实时软件需要有出错处理和自动复位功能，应采用特殊的容错、出错处理措施，在运行出错或死机时能自动恢复先前的运行状态。

（5）程序一体化。嵌入式软件是应用程序和操作系统两种软件的一体化程序。

2. 嵌入式软件的类型划分

（1）按通常的软件分类，嵌入式软件可分为系统软件、支撑软件和应用软件三大类：

第一，系统软件：控制、管理计算机系统资源的软件，如嵌入式操作系统、嵌入式中间件（CORBA、JAVA）等。

第二，支撑软件：辅助软件开发的工具软件，如系统分析设计工具、仿真开发工具、交叉开发工具、测试工具、配置管理工具和维护工具等。

第三，应用软件：是面向特定应用领域的软件，如手机软件、路由器软件、交换机软件和飞行控制软件等。这里的应用软件除包括操作系统之上的应用外，还包括低层的软件，如板级初始化程序、驱动程序等。

（2）按运行平台分类，嵌入式软件可分为运行在开发平台（如 PC 的 Windows）上的软件和运行在目标平台上的软件。

第一，运行在开发平台上的软件：设计、开发及测试工具等。

第二，运行在目标平台即嵌入式系统上的软件：嵌入式操作系统、应用程序、低层软件及部分开发工具代理。

（3）按嵌入式软件结构分类，嵌入式软件可分为循环轮询系统、前后台系统、单处理器多任务系统和多处理器多任务系统等类别。

3. 嵌入式软件的体系结构

（1）驱动层。驱动层是直接与硬件打交道的一层，它对操作系统和应用提供所需驱动的支持。该层主要包括以下三种类型的程序：

第一，板级初始化程序：这些程序在嵌入式系统上电后，初始化系统的硬件环境，包括嵌入式微处理器、存储器、中断控制器、DMA 和定时器等的初始化。

第二，与系统软件相关的驱动：这类驱动是操作系统和中间件等系统软件所需的驱动程序，它们的开发要按照系统软件的要求进行。目前，操作系统内核所需的硬件支持一般都已集成在嵌入式微处理器中，因此，操作系统厂商提供的内核驱动一般不用修改。开发人员主要需要编写的相关驱动程序有网络、键盘、显示和外存等的驱动程序。

第三，与应用软件相关的驱动：与应用软件相关的驱动不一定需要与操作系统连接，这些驱动的设计和开发由应用决定。

（2）操作系统层。操作系统层包括嵌入式内核、嵌入式 TCP/IP 网络系统、嵌入式文件系统、嵌入式 GUI 系统和电源管理系统等部分。其中嵌入式内核是基础和必备的部分，其他部分要根据嵌入式系统的需要来决定。

（3）中间件层。目前，在一些复杂的嵌入式系统中也开始采用中间件技术，主要包括嵌入式 CORBA、嵌入式 JAVA、嵌入式 DCOM 和面向应用领域的中间件软件。

（4）应用层。应用层软件主要由多个相对独立的应用任务组成，每个任务完成特定的工作，由操作系统调度各个任务的运行。

第三节　计算机软件技术结构

一、计算机的数据结构

（一）线性数据结构

1. 线性表

线性表是一种线性结构，一个线性表是 n（n0）个数据元素的有限序列。线性表中的数据元素根据不同的情况可以是一个数、一个符号或更复杂的信息，但在同一个线性表中的数据元素必定属于同一数据对象。例如，英文字母表（A，B，C，…，Z）是一个线性表，表中的每个字母是一个数据元素。

根据线性表的不同物理结构，又可将线性表分为顺序表和线性链表。

顺序表是以元素在计算机内的存储位置的相邻来表示线性表中数据元素之间的逻辑关系。每个数据元素的存储位置都与线性表的起始位置相差一个和数据元素在线性表中的位序成正比的常数。

线性链表是用任意的存储单元存储线性表的数据元素的一种存储结构，使用的存储单元可以是连续的，也可以是不连续的，数据元素的逻辑顺序是通过链表中的指针链接次序实现的。链表由一系列结点组成，每个结点包括两个部分：一部分用于存储数据元素信息（称为数据域）；另一部分用于存储下一个结点的存储位置（称为指针域）。根据链表的第一个结点是否保存数据元素信息，可将其分为带头结点的线性链表和不带头结点的线性链表。

2. 栈和队列

栈和队列是两种重要的线性结构，它们的基本操作较线性表有更多的限制。

栈是限定仅在表尾进行插入或删除操作的线性表。它按照后进先出的原则存储数据，先进入的数据被压入栈底（线性表的头端），最后进入的数据在栈顶（线性表的尾端），需要读取数据时，仅能从栈顶开始弹出数据。

队列是一种先进先出的线性表。它是只允许在表的一端进行插入操作，而在另一端进行删除操作的线性表。允许插入的一端称为队尾，允许删除的一端称为队头。

3. 数组

在程序设计中，为了处理方便，把具有相同类型的若干变量按有序的形式组织起来。这些按序排列的同类数据元素的集合称为数组。在 C 语言中，数组属于构造数据类型。一个数组可以分解为多个数组元素，这些数组元素可以是基本数据类型或是构造类型。因此，按数组元素的类型不同，数组又可分为数值数组、字符数组、指针数组、结构数组等各种类别。

（二）非线性数据结构

1. 树与二叉树

树是包含 n（n>0）个结点的有穷集合。任意一棵非空树都满足以下条件：

（1）有且仅有一个特定结点称为树的根结点。

（2）当 n>1 时，其余结点可分为 m（m>0）个互不相交的有限集 T1，T2，…，Tm，其中每一个集合本身又是一棵树，并称为根的子树。

二叉树是另一种树形结构，它的每个结点至多只有两棵子树，并且二叉树的子树有左右之分，其次序不能随意颠倒。在树形结构中，数据元素之间有着明显的层次关系，每一层上的元素可能和下一层中多个元素相关，但只能和上一层中的一个元素相关。

2. 图

图由顶点的有穷集合 V 和边的集合 E 组成。其中，顶点即为图中的数据元素，在图结构中常常将结点称为顶点，边是顶点的有序（或无序）偶对，若两个顶点之间存在一条边，就表示这两个顶点具有相邻关系；根据图的边是否有方向可将图分为有向图和无向图。

二、计算机数据库系统

（一）数据库管理与处理

1. 数据管理

（1）人工管理阶段。人工管理阶段是指 20 世纪 50 年代中期以前。当时，计算机处于发展的初期，主要用于科学计算，所用的数据并不多，而且数据的结构一般都比较简单；计算机系统本身的功能还很弱，没有大容量的外存和操作系统，程序的运行由简单的管理程序来控制；软件只有汇编语言，没有操作系统，没有数据管理方面的软件；数据处理的方式基本上是批处理。

（2）文件系统阶段。文件系统阶段是从 20 世纪 50 年代后期到 60 年代中期。在这一阶段，由于计算机技术的发展，计算机不仅用于科学计算，还用于信息管理。随着数据量的增加，数据的存储、检索和维护成为紧迫的需要，致使数据结构和数据管理技术迅速发展起来。此时，外部存储器已有磁盘、磁鼓等直接存取数据的存储设备。软件领域出现了高级语言和操作系统，计算机的应用范围也由科学计算领域扩展到数据处理领域。

（3）数据库系统阶段。数据库系统阶段从 20 世纪 60 年代后期开始。随着计算机硬件和软件技术的发展，开展了对数据组织方法的研究，并开发了对数据进行统一管理和控制的数据库管理系统，在计算机科学领域，逐步形成了数据库技术这一独立分支。数据管理中的数据的定义、操纵及控制统一由数据库管理系统来完成。数据库系统阶段与文件系统阶段相比，克服了文件系统的缺陷。

（4）高级数据库技术阶段。高级数据库技术阶段大约是从 20 世纪 70 年代后期开始的。在这一阶段中，计算机技术获得更快的发展，并更加广泛地与其他科学技术相互结合和相互渗透，在数据库领域中诞生了很多高新技术，并产生了许多新型数据库，其中包括分布式数据库和面向对象数据库。分布式数据库的重要特征是数据分布的透明性。在分布式数据库系统中，个别节点的失效不会引起系统的瘫痪，而且多台处理机可以并行工作，提高了数据处理的效率。面向对象数据库系统具有面向对象技术的封装性（把数据与操作定义在一起）和继承性（继承数据结构和操作）的特点，提高了软件的可重用性。

2. 数据处理

（1）人机直接交互式环境。这种环境是用户为操作员，由操作员直接访问数据库中的数据，这是一种最为原始与简单的访问方式。在数据库发展的初期就采用此种方式，于 20 世纪 60—70 年代最为流行。

（2）单机集中式环境。这种环境是用户应用程序，应用程序在计算机内（单机）访问数据库中的数据。这种访问方式在 20 世纪 70—80 年代较为流行，这也是一种较简单的访问方式。

（3）网络分布式环境。在计算机网络出现后，数据访问方式出现了新的变化，在此种环境中数据与用户（应用程序）可分别处于网络不同结点，用户使用数据可采用接口调用的方式。这种方式目前应用广泛，其典型结构是 C/S 结构。

在 C/S 结构方式中它由一个服务器 S（Server）与多个客户机 C（Client）组成，它们之间由网络相连并通过接口进行交互。在 C/S 结构中，服务器中存放共享数据而客户机存放并运行应用程序和人机交互界面并与用户接口。

（4）互联网环境。在当前互联网时代，用户是以互联网中的 XML 为代表，而数据访问方式则是 XML 对数据库的调用。这种方式也是目前广泛应用的方式，其典型结构是 B/S 结构，它是基于互联网上的一种分布式结构方式，是一种典型的三层结构方式，这三层结构分别是数据库服务器、Web 服务器及浏览器，它们之间由网络相连并通过接口交互。其大致内容可介绍如下：

第一，数据库服务器。数据库服务器主要存放与管理共享数据资源。

第二，Web 服务器。Web 服务器统一集中存放应用程序、人机交互界面，以及与互联网的接口。

第三，浏览器。浏览器是 B/S 结构中与用户直接接口的部分，它一般有多个，分别与多个用户接口。

这三层结构通过功能分布构成一个逻辑上完整的系统。浏览器通过 Web 服务器提出处理要求（包括数据处理要求），再通过数据库服务器获得相关数据，将其转换成 XML 或 HTML 形式传回浏览器。

目前，这四种数据处理环境都普遍存在，它为数据处理提供了多种应用手段。

（二）数据模型

1. 概念模型

概念模型用于信息世界的建模，是现实世界到信息世界的第一层抽象，是数据库设计人员进行数据库设计的有力工具，也是数据与设计人员和用户之间进行交流的语言。因此，概念模型一方面应该具有较强的语义表达能力，能够方便、直接地表达应用中的各种语义知识；另一方面它还应该简单，概念模型的表示方法很多，图来描述现实世界的概念模型，E-R 图提供了表示实体型、实体型——用矩形表示，矩形框内写明实体名。属性——用椭圆形表示，并用无向边将其与相应的实体连接起来。联系——用菱形表示，菱形框内写明联系名，并用无向边分别与有关实体连接起来，同时在无向边旁标上联系的类型（1∶1，1∶n 或 m∶n）。

2. 网状模型

用有向图结构来表示实体类型及实体间联系的数据模型称为网状模型。网状模型有以下两个主要特征：

（1）允许一个以上的结点没有双亲结点。

（2）一个结点可以有多个双亲结点。在网状模型中，结点间的联系可以是任意的，任意两个结点间都能发生联系，更适于描述客观世界。网状模型的特点是结点间联系通过指针实现，多对多的联系也容易实现，查询效率较高；网状模型的缺点是数据结构复杂和编程复杂。由于网状模型系统的天生缺点，从 20 世纪 80 年代中期起其市场已被关系模型产品所取代。

3. 层次模型

在现实世界中，有许多事物是按层次组织起来的，例如，一个学校有若干个系，一个系有若干个班级和教研室，一个班级有若干个学生，一个教研室有若干名教师。

在层次模型中，一个结点可以有几个子结点，也可以没有子结点。层次数据模型支持的操作主要有查询、插入、删除和更新。在对层次模型进行插入、删除、更新操作时，要满足层次模型的完整性约束条件：进行插入操作时，如果没有相应的双亲结点值就不能插入子女结点值；进行删除操作时，如果删除双亲结点值，则相应的子女结点值也被同时删除；进行更新操作时，应更新所有相应记录，以保证数据的一致性。

层次模型的数据结构比较简单。对于实体间联系是固定的且预先定义好的应用系统，层次模型有较高的性能；同时，层次模型还可以提供良好的完整性支持。但层次模型不适合于表示非层次性的联系。

4. 关系模型

与层次模型和网状模型相比，关系模型的概念简单、清晰，并且具有严格的数据基础，形成了关系数据理论，操作也直观、容易，因此易学易用。20 世纪 70 年代，美国 IBM 公司首次提出了数据系统的关系数据模型，标志着数据库系统新时代的来临，开创了数据库关系方法和关系数据理论的研究，为数据库技术奠定了理论基础。1980 年后，各种关系数据库管理系统的产品迅速出现，如 Oracle、Ingress、Sybase、Informix 等，关系数据库系统统治了数据库市场，数据库的应用领域迅速扩大。

无论是数据库的设计和建立，还是数据库的使用和维护，都比非关系模型时代简便得多。关系型数据库使用的存储结构是多个二维表格，即反映事物及其联系的数据描述是以平面表格形式体现的。

在每个二维表中，每一行称为一条记录，用来描述一个对象的信息；每一列称为一个字段，用来描述对象的一个属性。数据表与数据库之间存在相应的关联，这些关联可被用来查询相关的数据。

第四节　计算机网络安全技术

"随着互联网技术的飞速发展，计算机网络已经融入工作、学习和生活的方方面面，为我们带来了很大的便捷的同时，网络安全问题已变得日益突出。"[①] 基于此，计算机网络安全技术显得尤为重要。

---

①　李美玲，宋凯，汪庆伟，等. 计算机网络安全浅析 [J]. 中国军转民，2023（5）：42.

一、计算机防火墙技术

(一) 防火墙的结构分类

1. 硬件防火墙

硬件防火墙是指所谓的硬件防火墙。之所以加上"所谓"二字是针对芯片级防火墙来说的。它们最大的差别在于是否基于专用的硬件平台。目前市场上大多数防火墙都是这种所谓的硬件防火墙，它们都基于 PC 架构，就是说，它们和普通家庭用的 PC 没有太大区别。在这些 PC 架构计算机上运行一些经过裁剪和简化的操作系统，最常用的有老版本的 Unix、Limix 和 FreeBSD 系统。值得注意的是，由于此类防火墙采用的依然是别人的内核，因此依然会受到 OS 本身的安全性影响。国内的许多防火墙产品就属于此类，因为采用的是经过裁减内核和订制组件的平台，因此，国内防火墙的某些销售人员常常吹嘘其产品是"专用的 OS"等，其实是一个概念误导，下面我们提到的第三种防火墙才是真正的 OS 专用。

2. 软件防火墙

软件防火墙运行于特定的计算机上，它需要客户预先安装好的计算机操作系统的支持，一般来说，这台计算机就是整个网络的网关。软件防火墙就像其他的软件产品一样需要先在计算机上安装并做好配置才可以使用。一般操作系统（如 Windows 等）会自带防火墙功能。使用这类防火墙，需要网管对所工作的操作系统平台比较熟悉。

3. 芯片级防火墙

（1）网络层防火墙。网络层防火墙可视为一种 IP 封包过滤器，运作在底层的 TCP/IP 协议堆栈上。我们可以用枚举的方式，只允许符合特定规则的封包通过，其余的一概禁止穿越防火墙（病毒除外，防火墙不能防止病毒侵入）。这些规则通常可以经由管理员定义或修改，不过某些防火墙设备可能只能套用内置的规则。我们也能以另一种较宽松的角度来制定防火墙规则，只要封包不符合任何一项"否定规则"就予以放行。操作系统及网络设备大多已内置防火墙功能。

较新的防火墙能利用封包的多样属性来进行过滤，例如，来源 IP 地址、来源端口号、目的 IP 地址或端口号、服务类型（如 WWW 或是 FTP）也能经由通信协议、TTL 值、来源的网域名称或网段等属性来进行过滤。

（2）应用层防火墙。应用层防火墙是在 TCP/IP 堆栈的"应用层"上运作，使用浏览器时所产生的数据流或是使用 FTP 时的数据流都属于这一层。应用层防火墙可以拦截进出某应用程序的所有封包，并且封锁其他的封包（通常是直接将封包丢弃）。理论上，这一类的防火墙可以完全阻绝外部的数据流进到受保护的机器里。此外，根据侧重不同，可分为包过滤型防火墙、应用层网关型防火墙以及服务器型防火墙。

（二）防火墙的重要技术

"随着计算机在各行各业得到越来越广泛的应用，计算机的安全问题也越来越突出。这就要求计算机防火墙技术发挥作用，保障计算机网络的安全。"[1]

1. 数据包过滤

（1）数据包过滤策略与过程

第一，数据包过滤策略。①拒绝来自某主机或某网段的所有连接；②允许来自某主机或某网段的所有连接；③拒绝来自某主机或某网段的指定端口的连接；④允许来自某主机或某网段的指定端口的连接；⑤拒绝本地主机或本地网络与其他主机或其他网络的所有连接；⑥允许本地主机或本地网络与其他主机或其他网络的所有连接；⑦拒绝本地主机或本地网络与其他主机或其他网络的指定端口的连接；⑧允许本地主机或本地网络与其他主机或其他网络的指定端口的连接。

第二，数据包过滤基本过程。①包过滤规则必须被包过滤设备端口存储起来；②当包到达端口时，对包报头进行语法分析，大多数包过滤设备只检查 IP、TCP 或 UDP 报头中的字段；③包过滤规则以特殊的方式存储，应用于包的规则的顺序与包过滤器规则存储顺序必须相同；④若一条规则阻止包传输或接收，则此包便不被允许；⑤若一条规则允许包传输或接收，则此包便可以被继续处理；⑥若包不满足任何一条规则，则此包便被阻塞。

（2）数据包过滤技术

第一，静态包过滤。静态包过滤技术的实现非常简单，就是在网关主机的 TCP/IP 协议栈的 IP 层增加一个过滤检查，对 IP 包的进栈、转发、出栈时均针对每个包的源地址、目的地址、端口、应用协议进行检查，用户可以设立安全策略，比如，某某源地址禁止对外部的访问、禁止对外部的某些目标地址的访问、关闭一些危险的端口等。事实证明，一些简单而有效的安全策略可以极大地提高内部系统的安全性，由于静态包过滤规则的简单、高效，直至目前，它仍然得到应用，具体来说，静态包过滤是通过对数据包的 IP 头和 TCP 头或 UDP 头的检查来实现的。

---

① 戴金辉. 试析计算机防火墙技术及其应用 [J]. 信息与电脑，2015（14）：136.

第二，动态包过滤。动态包过滤技术除了含有静态包过滤的过滤检查技术之外，还会动态地检查每一个有效连接的状态，所以，通常也称为状态包过滤技术。状态包过滤克服了第一代包过滤（静态包过滤）技术的不足，如信息分析只基于头信息、过滤规则的不足可能会导致安全漏洞、对于大型网络的管理能力不足等。

数据包过滤技术的优点有：①对于一个小型的、不太复杂的站点，包过滤比较容易实现；②因为过滤路由器工作在 IP 层和 TCP 层，所以处理包的速度比代理服务器快；③过滤路由器为用户提供了一种透明的服务，用户不需要改变客户端的任何应用程序，也不需要用户学习任何新的东西，因为过滤路由器工作在 IP 层和 TCP 层，而 IP 层和 TCP 层与应用层的问题毫不相关，所以，过滤路由器有时也被称为"包过滤网关"或"透明网关"，之所以被称为网关，是因为包过滤路由器和传统路由器不同，它涉及传输层；④过滤路由器在价格上一般比代理服务器便宜。

2. 电路级网关

电路级网关，也叫电路层网关，它工作在 OSI 参考模型的会话层，在内、外网络主机之间建立一个虚拟电路进行通信，相当于在防火墙上打开一个通道进行传输。在电路级网关中，包被提交到用户应用层处理。电路级网关用来在两个通信的终点之间转换包，电路级网关是建立应用层网关的一个更加灵活和一般的方法电路级网关在两主机首次建立 TCP 连接时创立一个电子屏障。它作为服务器接收外来请求，转发请求；与被保护的主机连接时则担当客户机角色，起代理服务的作用。它监视两主机建立连接时的握手信息，如 SYN（同步信号）、ACK（应答信号）和序列数据等是否合乎逻辑，判定该会话请求是否合法。一旦会话连接有效后网关仅复制、传递数据，而不进行过滤。

电路级网关拓扑结构同应用层网关，电路级网关接收客户端连接请求，代理客户端完成网络连接，在客户和服务器间中转数据。电路级网关一般需要安装特殊的客户机软件，用户同时可能需要一个可变用户接口来相互作用或改变他们的工作习惯。

电路级网关可针对每个 TCP、UDP 会话进行识别和过滤。在会话的建立过程中，除了检查传统的过滤规则之外，还要求发起会话的客户端向防火墙发送用户名和口令，只有通过验证的用户才被允许建立会话。会话一旦建立，则报文流可不加检验直接穿透防火墙。电路级网关通过对客户端的用户名和口令进行验证，有效地避免了网络传送过程中源地址被冒充等问题，可有效地防御 IP/UDP/TCP 欺骗，并可快速定位 TCP/UDP 的攻击发起者。

电路级网关在初次连接时，客户端程序与网关进行安全协商和控制，协商通过之后，网关的存在对应用来说就透明了，客户端与服务器之间的交互就像没有网关一样。只有懂得如何与电路级网关通信的客户端程序才能到达防火墙另一端的服务器。所以，对普通的客户端程序来说，必须通过适当改造，或者借助他响应的处理，才能通过电路级网关访问服务器。

早期的电路级网关只处理 TCP 连接，并不进行任何附加的包处理或过滤。电路级网关就像电线一样，只是在内部连接和外部连接之间来回复制。但对于外部网络用户而言，连接似乎源于网关，网关屏蔽了受保护网络的有关信息，因而起到了防火墙的作用。

电路级网关的工作原理包括：其组成结构与应用级防火墙相似，但它并不针对专门的应用协议，而是一种通用的连接中继服务，是建立在运输层的一种代理方法。连接的发起方不直接与响应方建立连接，而是与回路层代理建立两个连接：①在回路层代理和内部主机上的一个用户之间；②在回路层代理和外部主机上的一个用户之间。

通常，实现这种防火墙功能都是在通用的运输层之上插入代理模块，所有的出入连接必须连接代理，通过安全检查之后数据才能被转发。网关的访问控制规则决定是否允许连接。回路层代理可以提供较详尽的访问控制机制，其中包括鉴别和其他客户与代理之间的会话信息交换。回路层代理与应用网关不同的是，对于所有网络服务都通过共同的回路层代理，所以这种代理也称为"公共代理"。

电路级网关防火墙的特点包括：①对连接的存在时间进行监测，从而防止过大的邮件和文件传送；②建立允许的发起方列表，并提供鉴别机制；③对传输的数据提供加密保护。

总的来说，电路级网关的防火墙的安全性比较高，但它仍不能检查应用层的数据包以消除应用层攻击的威胁。考虑到电路级网关的优点是堡垒主机可以被设置成混合网关，对于进入的连接使用应用级网关或代理服务器，而对于出去的连接使用电路级网关。这样使得防火墙既能方便内部用户，又能保证内部网络免于外部的攻击。

3. 应用层代理

应用层代理技术针对每一个特定应用，在应用层实现网络数据流保护功能，代理的主要特点是具有状态性。代理能够提供部分与传输有关的状态，能完全提供与应用相关的状态部分传输信息，代理也能够处理和管理信息。应用层代理使得网络管理员能够实现比包过滤更严格的安全策略。应用层代理不用依靠包过滤工具来管理 Internet 服务在防火墙系统中的进出，而是采用为每种服务订制特殊代码（代理服务）的方式来管理 Internet 服务。显然，应用层代理可以实现网络管理员对网络服务更细腻的控制。但是，应用代理的代码并不通用，如果网络管理员没有为某种应用层服务在应用层代理服务器上安装特定的代码，那么该项服务就无法被代理型防火墙转发。同时，管理员可以根据实际需要选择安装网络管理认为需要的应用代理服务功能。

应用层代理技术提供应用层的高安全性，但其缺点是性能差、伸缩性差，只支持有限的应用。

应用代理防火墙实际上并不允许在它连接的网络之间直接通信。相反，它是接受来自内部/外部网络特定用户应用程序的通信，然后建立与外部/内部网络主机单独的连接。应用代理防火墙工作过程中，网络内部/外部的用户不直接与外部/内部的服务器通信，所以，内部/外部主机不能直接访问外部/内部网络的任何一部分。

4. 地址翻译技术

网络地址翻译（NAT）的最初设计目的是用来增加私有组织的可用地址空间和解决将现有的私有 TCP/IP 网络连接到互联网上的端口地址编号问题，内部主机地址在 TCP/IP 开始开发的时候，没有人会想象到它发展得如此之快。动态分配外部 IP 地址的方法只能有限地解决 IP 地址紧张的问题，而让多个内部地址共享一个外部 IP 地址的方式能更有效地解决 IP 地址紧张的问题，让多个内部 IP 地址共享一个外部 IP 地址，就必须转换端口地址，这样内部 IP 地址不同但具有同样端口地址的数据包就能转换为同一个 IP 地址，而端口地址不同，这种方法又被称为端门地址转换（PAT），或者称为 IP 伪装。NAT 能处理每个 IP 数据包，将其中的地址部分进行转换，将对内部和外部 IP 进行直接映射，从一批可使用的 IP 地址池中动态选择一个地址分配给内部地址，或者不但转换 IP 地址，也转换端口地址，从而使得多个内部地址能共享一个外部 IP 地址。

私有 IP 地址只能作为内部网络号，不在互联网主干网上使用。网络地址翻译技术通过地址映射保证了使用私有 IP 地址的内部主机或网络能够连接到公用网络。NAT 网关被安放在网络末端区域（内部网络和外部网络之间的边界点上），并且在源自内部网络的数据包发送到外部网络之前把数据包的源地址转换为唯一的 IP 地址。

网络地址翻译同时也是一个重要的防火墙技术，因为它对外隐藏了内部的网络结构，外部攻击者无法确定内部计算机的连接状态。并且不同的时候，内部计算机向外连接使用的地址都是不同的，给外部攻击造成了困难。同样 NAT 也能通过定义各种映射规则，屏蔽外部的连接请求，并可以将连接请求映射到不同的计算机中。

网络地址翻译和 IP 数据包过滤一起使用，就构成一种更复杂的包过滤型的防火墙。由于仅仅具备包过滤能力的路由器，其防火墙能力还比较弱，抵抗外部入侵的能力也较差，而和网络地址翻译技术相结合，就能起到更好的安全保证。正是内部主机地址隐藏的特性，使网络地址翻译技术成为防火墙实现中经常采用的核心技术之一。

5. 状态监测技术

无论是包过滤，还是代理服务，都是根据管理员预定义好的规则提供服务或者限制某些访问。然而在提供网络访问能力和保证网络安全方面，显然存在矛盾，只要允许访问某些网络服务，就有可能造成某种系统漏洞；然而如果限制太严厉，合法的网络访问就受到不必要的限制。代理型的防火墙的限制就在这个方面，必须为一种网络服务分别提供一个代理程序，当网络上的新型服务出现的时候，就不可能立即提供这个服务的代理程序。事实上代理服务器一般只能代理最常用的几种网络服务，可提供的网络访问十分有限。

为了在开放网络服务的同时也提供安全保证，必须有一种方法能监测网络情况，当出现网络攻击时就立即告警或切断相关连接。主动监测技术就是基于这种思路发展起来的，它工作在数据链路层和网络层之间，维护一个记录各种攻击模式的数据库，并使用一个监测程序时刻运行在网络中进行监控，一旦发现网络中存在与数据库中的某个模式相匹配时，就能推断可能出现网络攻击。由于主动监测程序要监控整个网络的数据，因此，需要运行在路由器上或路由器旁能获得所有网络流量的位置。

由于监测程序会消耗大量内存，并会影响路由器的性能，因此，最好不在路由器上运行。主动检测方式作为网络安全的一种新兴技术，其优点是效率高、可伸缩性和可扩展性强、应用范围广。但由于需要维护各种网络攻击的数据库，因此，需要一个专业性的公司维护。理论上这种技术能在不妨碍正常网络使用的基础上保护网络安全，然而这依赖于网络攻击的数据库和监测程序对网络数据的智能分析，而且在网络流量较大时，使用状态监测技术的监测程序可能会遗漏数据包信息。因此，这种技术主要用于要求较高、对网络安全要求非常高的网络系统中，常用的网络并不需要使用这种方式。

二、计算机网络安全渗透测试技术

"信息化时，网络安全已经引起高度重视。如何维护好计算机网络系统，是目前亟待解决的重要课题。网络渗透测试技术能够准确地评价网络环境安全现状和防御能力，利用评估报告，对目标网络和系统的安全问题进行体现，为各行各业保驾护航。"[①]

（一）渗透测试的主要步骤

第一，信息收集。通过 Internet、社会工程等手段，了解目标的相关信息。

第二，扫描。通过扫描软件对目标进行扫描，获取开放的主机、端口、漏洞等信息。

第三，实施攻击、获取权限。对目标主机实施拒绝服务等攻击，破坏其正常的运行。或利用目标主机的漏洞，直接或间接地获取控制权。

---

① 王佳俊.计算机网络渗透测试技术研究 [J].电子元器件与信息技术，2021，5（12）：189.

第四，消除痕迹、保持连接。攻击者入侵获取控制权后，通过清除系统日志、更改系统设置、种植木马等方式，远程操控目标主机而又不被发现。

第五，生成评估报告。对发现的安全问题及后果进行评估，给出技术解决方案，帮助被评估者修补和提升系统的安全性。

（二）信息收集的常用方法

常用的收集信息的方法有社会工程学法、谷歌黑客技术等。社会工程学法是利用人的弱点，如人的本能反应、好奇心、贪便宜心理等进行欺骗，从而获取利益。谷歌黑客技术是利用谷歌、百度等搜索引擎，收集有价值的信息。谷歌黑客技术的基本语法：

and：连接符，可同时对所有关键字进行搜索。

or：连接符，与几个关键字中的任一个匹配即可。

intext：搜索正文部分，忽略标题、URL 等文字。

intitle：搜索标题部分。

inurl：搜索网页 URL 部分。

allintext：搜索正文部分，配置条件是包含全部关键字。

allintitle：搜索标题部分，配置条件是包含全部关键字。

allinurl：搜索网页 URL 部分，配置条件是包含全部关键字。

site：限定域名。

link：包含指定链接。

filetype：指定文件后缀或扩展名。

＊：代表多个字母。

．：代表一个字母。

" "：精确匹配，可指定空格。

+：加入关键字。

－：除去关键字。

~：同义词。

（三）扫描技术的类型

1. fping 扫描技术

fping 扫描类似于 Ping 命令，但 Ping 命令一次只能 Ping 一个地址，而 fping 一次可以 Ping 多个地址，而且速度更快。fping 命令常用参数：

-a：在结果中显示出所有可 Ping 通的目标。

-q：安静模式，不显示每个目标 Ping 的结果。

-f：从用户事先定义好的指定文件中获取目标列表。

-g：指定目标列表，有两种形式：

（1）指定开始和结束地址，如-g192. 168. 202. 0192. 168. 202. 255。

（2）指定网段和子网掩码，如-g192. 168. 202. 0/24。

其中，-f 与-g 只能选择其一，不能同时使用。

2. nping 扫描技术

通过 Ping 来扫描存活主机成功率不大，为提高成功率，直连的主机可采用基于 ARP 的扫描；非直连的主机可采用基于 TCP 的扫描。nping 扫描支持 TCP、UDP、ICMP 和 ARP 等多种协议。例如，它能通过 TCP 连接目标主机的某个端口来测试目标主机是否存活。通过发送 TCP 的 syn，根据是否有回复 syn、ack 或回复 reset 来测试对方是否存活。nping 常用的参数有：

-c 数量：表示发送给目标主机的测试包的数量。

-p 端口号：表示目标主机的端口号，根据目标主机是否有回复及回复的信息可获得目标主机是否存活以及是否开启了相关服务。

-tcp：表示发送 TCP 类型的数据包。

3. Nmap 扫描技术

Nmap 是综合性的端口扫描工具，可用于主机发现、开放服务及版本检测、操作系统检测、网络追踪等。

（1）Nmap 的 Ping 扫描。Nmap 的 Ping 扫描可迅速找出指定范围内允许 Ping 的主机的 IP 地址、MAC 地址。它的参数是-sn。

（2）Nmap 的 TCP Connect 扫描。TCP Connect 扫描是通过操作系统提供的系统调用 connect（）来打开连接的，如果有成功返回，则表示目标端口正在监听，否则表示目标端口不在监听。这种扫描是最基本的 TCP 扫描，但容易被检测到。

（3）Nmap 的 TCP SYN 扫描。TCP SYN 扫描首先尝试向对方的某个端口发出一个 SYN 包，若对方返回 SYN-ACK 包，则表示对方端口正在监听；如果对方返回 RST 包，则表示对方端口未在监听。针对对方返回的 SYN-ACK 包，攻击者主机会马上发出一个 RST 包断开与对方的连接，转入下一个端口的测试。由于不必完全打开一个 TCP 连接，因此，TCP SYN 扫描也被称为半开扫描。

（4）TCP FIN 扫描。采用 TCP SYN 扫描某个端口时，若对方既不回复 ACK 包，也不回复 RST 包，则无法判断对方端口的状态。这时，可采用 TCP FIN 扫描做进一步判断。若 FIN 包到达一个监听端口，则会被丢弃；相反地，若 FIN 包到达一个关闭的端口，则会回应 RST。

（5）UDP 扫描。UDP 扫描用来确定对方主机的哪个 UDP 端口开放。UDP 扫描发送零字节的信息包给对方端口，若收到回复端口不可达，则表示该端口是关闭的；若无回复，则认为对方端口是开放的。UDP 扫描耗时较长，参数是–sU。

（6）端口服务及版本扫描。Nmap 能较准确地判断出目标主机开放的端口服务类型及版本，而不是简单地根据端口号对应到相应的服务，如 http 服务即使被从默认的 80 号端口修改为其他端口号，也能判断出来。端口服务及版本扫描的参数是–sV。

（7）综合扫描。综合扫描会同时打开 OS 指纹和版本探测，其命令的参数是–A。

4. 全能工具 Scapy 扫描技术

（1）进入 Scapy 界面构造包。进入 Scapy 界面，构造一个包，并查看构造的包。

（2）Ping 测试：①构造包；②发送和接收一个三层的数据包，把接收到的结果赋值给 replyO1，命令是 srl，含义是发送（send）并接收（receive1）个包；③查看接收到的响应包；④提取响应包的详细信息。

5. Nessus 漏洞扫描

（1）下载 Nessus。Nessus 可从官网上下载。若 Nessus 已经提前用真机下载好了，须将下载好的安装文件用 FTP 共享，传到 Kali 上。要注意的是，下载的文件如果直接拖入 Kali 中会导致文件复制不全，无法正常安装。

（2）安装 Nessus。在命令行界面中，进入安装文件所在的目录。

（3）启动 Nessus。

（4）查看服务。

（5）扫描测试。

（6）查看扫描结果。扫描结束后可查看扫描的结果。

第三章　现代通信技术原理与应用

第一节　通信与通信系统

一、通信

"当今社会发展迅速，通信技术日新月异。在现代信息技术中，现代通信技术是其极为重要的组成部分，也是重点内容之一，各类现代信息的传输都可以称为通信技术。"[①]

通信是指信息的传递和交流过程。在广义上，通信可以涵盖人与人之间、人与机器之间、机器与机器之间等各种形式的信息交流。它是信息技术领域的一个重要概念，涉及信息的发送、接收和解释。

通信可以通过不同的媒介和技术实现，包括口头语言、书面文字、信件、电报、电话、无线电、互联网等。无论是面对面的对话还是通过远程通信工具进行的交流，通信都是信息传递和共享的手段。

通信的过程涉及发送方和接收方之间的交互。发送方将要传递的信息进行编码和转换，然后通过适当的媒介将其发送出去。接收方接收到信息后进行解码和理解，从而获取发送方想要传达的意思。

通信的目的是实现有效的信息传递和理解。它可以用于各种场景和目的，包括交流思想、传递知识、进行商业活动、实现协作和合作等。有效的通信需要确保信息的准确性、清晰性和完整性，同时还需要考虑语言和文化差异等因素。

在信息技术的发展中，通信技术起到了至关重要的作用。互联网、移动通信、无线网络等技术的发展使得人们能够更加便捷地进行远程通信和信息交流。通信技术的进步推动了社会的全球化和信息化，改变了人们的生活方式和工作方式。

---

① 白和付. 浅析现代通信技术 [J]. 中国科技纵横, 2015 (14): 50.

二、通信系统

（一）通信系统基本模型

通信系统是一种实现信息交换或传递的系统，其形式和种类多样化。然而，从根本上来说，所有通信系统都旨在将信息从一端传递到另一端。通信系统的基本组成包括信源、编码器、信道、解码器、接收器和噪声源。

在模拟通信系统中，信源产生的消息经过编码器进行变换处理，然后以模拟信号的形式传输到信道中。模拟信号可以是连续的，通常是由电压、电流或电磁波形式表示。信道是信号传输的媒介，可以是电线、光纤、无线电波等。接收端的解码器对接收到的信号进行解码和处理，最终将消息还原为原始形式。

模拟通信系统的特点是信息的传输和处理是以模拟信号的形式进行的。这种系统通常用于传输音频、视频和其他连续信号。模拟通信系统需要考虑信号的带宽、信噪比、失真等问题，并采取相应的技术来增强信号的传输质量和保证信息的准确性。

与模拟通信系统相对应的是数字通信系统。数字通信系统通过将消息进行离散化和数字化处理，将其表示为离散的二进制码，然后在信道中以数字信号的形式传输。数字通信系统具有更好的抗干扰能力和容错性，能够更高效地压缩、传输和处理信息。

无论是模拟通信系统还是数字通信系统，其目的都是实现可靠的信息传递和交换。它们在不同的应用场景中发挥重要作用，包括电话通信、广播电视、互联网和移动通信等。随着技术的发展和创新，通信系统不断演进和进步，为人们的信息交流提供更加高效和便捷的方式。

（二）通信系统的类别划分

1. 按通信业务分类

按通信业务的类型，可将通信系统分为话务通信和非话务通信。话务通信在电信领域中是使用范围最广、使用频率最高的，是人与人之间最基本的通信方式。最近几年来，非话务通信的发展情况较迅猛，包括分组数据业务、计算机通信、数据库检索、电子信箱、电子数据交换、传真存储转发、可视图文及会议电视、图像通信等。由于话务通信的使用范围较广、发展较好，所以其他通信业务的开展大多基于公共电话通信系统。

2. 按调制方式分类

按调制方式的类型，可将通信系统分为基带传输和频带（调制）传输。基带传输指的是把没有调制的信号直接传输出去，如音频市内电话。频带传输指的是把信号经过调制后传输的总称。

3. 按传输媒质分类

按传输媒质的类型，可将通信系统分为有线通信系统和无线通信系统。有线通信依靠导线（如架空明线、同轴电缆、光导纤维、波导等）传输来实现通信，如市内电话、有线电视等。无线通信依靠电磁波传输来实现通信，如微波视距传播、卫星中继等。

4. 按工作波段分类

按工作波段的范围，可将通信系统分为长波通信、中波通信、短波通信、远红外线通信等。

5. 按信号复用方式分类

按信号复用方式的类型，可将通信系统分为频分复用、时分复用和码分复用。频分复用指的是利用频谱搬移使不同信号处于不同的频率范围；时分复用指的是利用脉冲调制使不同信号处于不同的时间区间；码分复用指的是利用正交的脉冲序列传递信号。频分复用多用于模拟通信，时分复用多用于数字通信，码分复用多用于通信的扩频通信。

第二节　通信网与通信技术发展

一、通信网

（一）通信网的整体架构

通信子网也是一种系统，是一种通信系统，它的基本定义较为简单，是指一群通过一定组织形式连接起来的通信设备及其各类管理控制软件。

通信网的基本组成单位就是这种通信子系统，它包含了将信息从信源传递到信宿过程中所涉及的全部软、硬件，它主要包括把信源信息转换成可以在信道上传送的信息的发送设备，传输信号所需要的线路及其附属设备（信道，分为有线或无线），以及把信息恢复成用户所需的信息的接收设备，这便是整个通信网的总体框架。通信网的总体框架包括终端接入系统、传输系统、交换与转接系统。

通信网整体上可分为终端接入、传输、交换与转接三大系统，每种系统至少包含硬件平台、操作系统（过于简单的系统或许没有）、功能软件三个方面。

1. 终端接入系统

终端节点是进入网络的信息的起点，是网络传递和处理信息的界面或应用界面。利用终端能够完成不同形式的、有效的信息传递，包括语音到图像，文本传递到计算实现，等等。

2. 传输系统

传输系统出现在用户节点到网络的交换节点部分或者网络的交换节点之间，可以说网络中任何节点间的信息传递都必须依赖于相应的线路，无论是有线的还是无线的。

传输是不同交换设备间的通信路径，用于传输用户信息和网络控制信息。通信网的传输设备主要包括用户线（用户终端与交换机之间的连接线路）、中继线（交换机与交换机之间的连接线路），以及相关传输系统设备。传输线路中除了不同的线缆外，其路径中还安装了其他的设备，从而达到信号放大、波形变换、调制解调、多路复用、发信与收信等目的，使用户传输信息的距离得以延长。

3. 交换与转接系统

交换与转接系统解决的是节点如何处理信息、如何选择路由的问题，即信息在网络中是如何交换的，在网络中是如何选择路由进行传递的。

对于通信网的设计者、管理者而言，需要考虑到网络的可实现性。网络是由许多节点相互连接而形成，如果这些节点间要准确地、有条不紊地进行信息的传递，每个节点就必须遵守共同约定的规则、标准，即需要有统一的网络协议。对于网络互联、信息通信、互联接口控制、网络安全、业务应用等功能的实现，均需相应的网络标准或协议来控制及协调整个网络的运行。而在网络的实际应用过程中，这些功能的实现需要通过各式各样的通信软件，包括各类接口软件、协议软件、安全软件、管理控制软件及应用软件等。

对于网络的使用者来说，网络存在的意义是能够提供充分的资源和多种多样的服务。从基础资源到信息资源，用户不断地从网络中获取各种信息，通信软件在这个过程中扮演了极其重要的角色，从网络的接入到信息资源的获取、计算及传输，以及最终向用户提供的各类业务与应用，均由相应的通信软件作为支撑。

（二）通信网的组网结构

1. 网状型网

网状型网又称作完全互联网，网内的不同节点间都有直线连接。该组网结构的优势为：

进行通信的过程中没有任何形式的转接，连接质量高，具有较强的稳定性；其不足为：结构冗余，线路利用率低，需要费用较多。一般用于局间业务量较大或分局数较少的情况。

网孔型是由网状型网发展而来，又称作不完全网状型网。网内多数节点间都有直线连接，少数节点间没有直线连接。不同节点间是否需要直达线路通常根据业务量而定。同网状型网相比，网孔型网线路利用率有所提高，但稳定性稍有下降。

2. 星型网

星型网也称作辐射网，它以一个节点为中心节点，此点和其他节点间都有直线连接。该组网结构的优势为：采用的传输链路较少，线路的利用率较高。实用的星型网可以是多层次的。

3. 总线型网

在总线型网中，全部节点都是采用硬件接口直接与总线相连。该组网结构的优势为：在其中增加或减少节点的数量都较为方便，线路的利用率较高。

4. 环型网

环型网组网结构的优势为：结构简单，容易建立，线路的利用率较高。其不足为：安全性较差，若其中一个单元发生故障，则整个网络都不能正常运行，除此之外，可扩展性和灵活性也较差。为了提升环型网的安全性能，通常借助自愈环来实现自动保护。

5. 复合型网

常见的复合型网是由星型网和网状型网复合而成。它是以星型网为基础，并在通信量较大的区间采用网状型网结构。这种网络结构兼具有星型网和网状型网的优点，比较经济合理且稳定性好，因此，在一些大型的通信网络中应用较广。

二、通信技术的发展趋势

通信技术与计算机技术、控制技术、数字信号处理技术等相结合是现代通信技术的一大特征，目前，通信技术的发展趋势为综合化、融合化、宽带化、智能化和泛在化。而其中的每一"化"都将体现"绿色"通信的基本要素，即通信系统的节能减排。

（一）通信业务综合化

现代通信技术的一大趋势是通信业务综合化。随着社会的不断发展，人们对通信业务的需求更加多样化，如果每出现一种通信业务就建立相应的通信网络，一定会需要更多的投入，并且效益也不高，不同网络间的资源也不能共享。如果将不同的通信业务，即电话业务和非电话业务等以数字方式统一起来并且在同一网络中传输、交换和处理，便能够避免以上问题，实现一网多用。

1990 年制定出第一批宽带综合业务数字网的国际标准，1995 年达到实用化。进入 21 世纪，综合业务的重心向宽带网络方向发展，随着大数据、云计算的应用，综合宽带业务以数字化技术为核心提供以高带宽为指标的互联网综合业务。

（二）网络互通融合化

以电话网络为代表的电信网络和以 Internet 为代表的数据网络，以及广播电视网络的互通与融合进程将加快步伐。IP 数据网与光网络的融合、移动通信与光纤通信的融合、无线通信与互联网的融合等也是未来通信技术的发展趋势和方向。

（三）通信传送宽带化

通信网络的宽带化是电信网络发展的基本特征和必然趋势。向用户提供高速、全方位的信息服务是网络的重要发展目标。目前，网络的不同层面都在向高速方向努力，在高速选路与交换、高速光传输、宽带接入等方面已经取得了重大进展。

（四）承载网络智能化

在通信承载网络中，利用开放式结构和标准接口结构的灵活性、智能的分布性、对象的个体性、入口的综合性和网络资源利用的有效性等，能够解决信息网络在业务承载、性能保障、安全可靠、可管理性、可扩展性等方面遇到的问题，尤其是人工智能、机器学习等先进技术在通信网络中得以应用，对通信网络的发展具有重要影响。

（五）通信网络泛在化

泛在网是指无处不在的网络，可以实现任何人或物体在任何地点、任何时间与任何其他地点的任何人或物体进行任何业务方式的通信。其服务对象不仅包括人和人之间，还包括物与物之间和人与物之间。尤其是随着 5G 网络的应用，各种新业务不断出现，并改变着社会的多种形态，如物联网、车联网、工业互联网等。

随着网络体系结构的演变和宽带技术的发展，传统网络将向下一代通信与信息网络演进，并突显以下典型特征：业务融合，高速宽带，移动泛在，兼容互通，安全可靠，高效节能，软件定义，智能互联等。尽管目前很多技术尚在研究与开发中，但已为我们展示出了美好的发展前景。

第三节　移动通信技术与系统分析

一、移动通信技术基础

移动通信是指通信的一方或双方是在移动中实现通信的，其中，包含移动台（汽车、火车、飞机、船舰等移动体上）与固定台之间通信、移动台（手机）与移动台（手机）之间通信、移动台通过基站与有线用户通信等。

（一）移动通信的系统分类

移动通信系统的基本业务是语音业务。基于移动通信网络的移动数据业务也得到了迅速发展，主要有消息型业务（如短信息业务和多媒体信息业务）和无线 IP 业务（如通过移动终端上网）等；基于移动数据业务的各种增值业务可实现多种数据通信应用。移动智能网可在移动通信网上快速有效地生成和实现智能业务。

1. 蜂窝公用移动通信系统

蜂窝式移动通信系统由移动业务交换中心（MSC）、基站（BS）、移动台（MS）及与市话网相连接的中继线等组成，在基于"蜂窝"概念建立的蜂窝式移动通信系统中，一个大区域划分为若干个小区域（往往用六边形，结构类似蜂窝），多个小区域彼此相连，覆盖整个服务区。每个小区半径为几千米，小区基站发射功率一般为 5~10W。蜂窝公用移动通信系统可以覆盖无限大的范围，为公众用户提供通信服务，如 GSM 系统和 CDMA 系统等。

2. 集群移动通信系统

集群移动通信系统是一种多用途、高效能的无线调度通信系统。集群移动通信系统可实现将几个部门所需的基地台和控制中心统一规划、集中管理，每个部门只须建设自己的分调度台并配置必要的移动台，即可共用频率、共用覆盖区，使资源共享、费用分担，公用性与独立性兼顾，从而获得最大效益。集群移动通信系统的可用信道为系统的全体用户共用，并有自动选择信道功能。

3. 无线市话

无线市话（PHS）又称个人接入电话或个人手持电话系统，是电信运营部门利用现有网络和设备潜力，用与固定网相近的低资费，提供有限范围的漫游，开拓新的业务增长点。由于无线市话的基站覆盖范围有限、信号穿透能力不强、无升级能力，加上移动通信业务的竞争，因此制约了 PHS 的通话质量和业务发展。

4. 无线寻呼系统

专用寻呼系统由用户交换机、寻呼控制中心、发射台及寻呼接收机组成。公用寻呼系统由与公用电话网相连接的无线寻呼控制中心、寻呼发射台及寻呼接收机组成。寻呼系统是一种单向通信系统，公用和专用系统的区别仅在于规模大小。其有人工和自动两种接续方式。由于蜂窝移动通信系统的发展，无线寻呼业务正逐渐退出市场。

（二）移动通信的管理类型

移动通信的管理主要包括无线资源管理、移动性管理和安全性管理等。不同的移动通信系统具有不同的无线资源组合，包括基站、扇区、频率、时间、码道和功率等。

无线资源管理是在有限的无线资源的条件下，通过调整资源，提高系统容量，并为网络用户提供更优质的业务服务。

移动性管理用于移动台的位置区发生改变时，网络为保证通信正常而进行的操作，包括移动台的注册和漫游。

安全性管理是防止网络用户的信息被窃取和泄露。保证移动通信系统安全的技术措施包括鉴权和加密。鉴权技术是确保接入网络的终端或用户是合法的，加密技术则确保用户的信息不被第三方窃取。安全性管理的目的是防止入侵者读取或修改通信过程所产生或存储的数据，并防止入侵者获取对系统资源或服务的访问权。

（三）移动通信的关键技术

1. 无线传输技术

（1）分集技术。分集技术的作用是通过两个或更多的接收支路（基站和移动台的接收机）来补偿信道损耗，其作用一是分散传输，使接收端能获得多个统计独立的携带统一信息的衰落信号；另一作用是集中处理，接收机把收到的多个统计独立的衰落信号进行合并，以降低衰落影响，此时合并方式有三种，即选择性合并、最大比合并和等增益合并。

在无线通信系统中，多采用两个接收天线以达到空间分集的效果，而采用编码加交织方式来实现时间隐分集的作用。在无线数据传输中，采用多种自动重传技术实现时间分集，采用跳频、扩频或直接序列扩频技术来实现频率隐分集作用。

（2）调制技术。调制是对信号源的编码信息进行处理，使其变为适合于信道传输形式的过程。移动通信信道具有带宽有限、干扰和噪声影响大、存在多径衰落和多普勒效应等特征，在选择调制方式时，必须考虑采取抗干扰能力强的调制方式。

移动通信电波环境造成的数字移动信道的时变色散特性和频率资源的限制，对其数字调制技术提出了高带宽效率、高功率效率、低带外辐射、对多径衰落不敏感、恒定包络、低成本、易实现等要求。

GSM 数字蜂窝式移动通信系统目前选用高斯滤波最小移频键控（GMSK）调制。

（3）信道编码技术。信道编码是通过在发送信息时加入冗余的数据位来改善通信链路的性能。在发射机的基带部分，信道编码器把一段数字序列映射成另一段包含更多数字比特的码序列，然后把已被编码的码序列进行调制，以便在无线信道中传送。

接收机可用信道编码来监测或纠正。在无线信道传输中，由于引入了部分（或全部）的误码，且解码在接收机进行解调之后执行，故编码被视为一种后检测技术。同时，因编码而附加的数据比特会降低在信道中传输的原始数据速率（即会扩展信道的带宽）。在无线和移动通信中的常用信道编码为分组编码和卷积码。

（4）跳频技术。数字调制系统的频率合成器一般被设定在某一频率上，其射频是一个窄带频谱。而跳频系统是使用伪码随机地设定频率合成器，发射机的输出频率在很宽的频率范围内不断地改变，从而使射频在一个很宽的范围内变化，形成了一个宽带离散频谱。这时，接收端须采用同样的伪码设定本地频率合成器，使其与发射端的频谱做相同的改变，即收发跳频必须同步才能保证通信的建立。

移动通信系统采用跳频技术可对以下三项性能进行改进：

第一，抗多径。在多径传播环境下，因多径延迟不同信号到达接收端的时间也不同，若接收机可在收到最先到达的信号之后立即将载频跳到另一个频率上，即可避免多径延迟引起的信号干扰。

第二，抗同频干扰。蜂窝式移动通信中的小区频率复用将引起同频干扰，若使用具有正交性的跳频码，即可避免该频率复用引起的同频干扰。

第三，抗衰落。当跳频的频率间隔大于信道相关带宽时，各个跳频驻留时间内的信号是相互独立的，因此，跳频可以抵抗频率选择性的衰落。

（5）直接序列扩频技术。扩展频谱调制的关键技术包括扩频和解扩两部分，其作用于普通的数字调制系统上。

在扩频过程中，基带信号的信码是预传输的信号，通过速率很高的编码序列进行调制将其频谱展宽，频谱展宽后的序列被进行射频调制，其输出则为扩展频谱的射频信号，再经天线辐射出去。在接收端为解扩过程，射频信号经混频后变为中频信号，与本地发端的相同编码序列进行反扩展，将宽带信号恢复成窄带信号，解扩后的中频窄带信号经普通解调器进行解调，恢复成原始的信码。

扩展频谱的特性取决于所采用的编码序列的码型和速率。为了获得具有近似噪声的频谱，均采用伪噪声序列作为扩频的编码序列。为了获得高的扩频增益，通常以增加射频带宽来提高伪码的速率。

（6）智能天线技术。智能天线是利用数字信号处理技术，产生空间定向波束，使天线主波束对准用户信号到达的方向，副波束对准干扰信号到达方向，以充分利用移动用户信号并抑制干扰信号。智能天线所具有的如扩大系统覆盖区域、提高系统容量、降低基站发射功率和提高频谱利用率的能力，使其成为未来移动通信发展的方向之一。

2. 码分复用多址

码分复用多址（CDMA）技术作为第三代移动通信（3G）的核心技术，是基于扩频通信理论的调制和多址连接技术。CDMA 系统具有抗多径衰落能力、抗阴影效应能力和抗多普勒效应能力强，以及系统容量大等诸多优点。宽带 CDMA 可满足多媒体通信的要求。CDMA 还将是未来全球个人通信的一种主要多址方式。

（1）CDMA 基本原理。CDMA 是一种以扩频通信为基础的调制和多址连接技术。其基本思想是系统中各移动台占用同一频带，但各用户使用彼此正交的用户码，从而使基站和移动台通过相关检测能区分用户之间的信息。

扩频 CDMA 数字蜂窝系统是频带资源共享的，在一个 CDMA 蜂窝系统中各个小区都共享一个频带，从频率重用角度来说，蜂窝区群结构的关系大为减弱。在 CDMA 蜂窝系统中，蜂窝结构（包括扇区结构）的主要考虑因素在于频带资源共享后的多用户干扰的影响。

使用 CDMA 技术，用户可以获得整个系统带宽，系统的带宽将远宽于欲传送信息的带宽。窄带 CDMA 蜂窝系统信号带宽的确定，主要考虑如下因素：频谱资源的限制、系统容量、多径分离、扩频处理增益。

（2）CDMA 的主要特点

第一，抗干扰能力强。CDMA 是以抗干扰能力非常突出的扩频技术为基础。

第二，抗多径衰落能力强，信息传输可靠性高。在 CDMA 技术中，频带宽使得抗频率选择性衰落能力强；利用伪码序列尖锐的自相关特性，可以消除多径影响；能够采用路径分集（即分散传输集中处理）措施。

第三，抗多普勒效应好。多普勒效应产生的频移对宽带系统影响甚微。

第四，抗阴影效应强。由于宽带信号与宽带噪声及干扰同时下降，影响较小。

第五，信号功率密度低，相关特性好。扩频系统信号功率密度低，以及伪随机序列码良好的相关特性带来如下特性：信号隐蔽性强；防截获能力强；保密性好；电磁辐射低；所需发射功率小，可使移动台（手机）耗电少而成本低。

第六，系统容量大。CDMA用户地址的区分在码域中进行，时域和频域共用，不受时隙和频隙划分的制约，系统容量仅受系统运行时总平均干扰（信道噪声加上多用户干扰）的影响。因此，任何使干扰降低的措施，都有助于系统容量的提高。

此外，CDMA还具有频率复用率高、语音和数据传输质量好、多址能力强、能与传统窄带系统共用频段、组网灵活、频带易于监控和扩展、支持多媒体业务等优点。

（3）CDMA的关键技术

第一，语音激活技术。在CDMA数字蜂窝移动通信系统中，所有用户共享同一个无线频道，当某一个用户没有讲话时，该用户的发射机不发射信号或发射信号的功率小，其他用户所受到的干扰就相应地减少。为此，在CDMA系统中，采用相应的编码技术，使用户的发射机所发射的功率随着用户语音编码的需求进行调整，这就是语音激活技术。

第二，扇区划分技术。扇区划分技术是指位于蜂窝小区中心的基站利用天线的定向特性把蜂窝小区分成不同的扇面。常用的方法有利用120°扇形覆盖的定向天线组成的三叶草形无线区；利用60°扇形覆盖的定向天线组成的三角形无线蜂窝区；利用120°扇形覆盖的定向天线组成的120°扇形无线蜂窝区。利用120°扇形覆盖的定向天线把一个蜂窝小区划分成三个扇区，系统的容量也将增加约三倍。

第三，切换技术。当移动用户从一个小区（或扇区）移动到另一个小区（或扇区）时，移动用户从一个基站的管辖范围移动到另一个基站的管辖范围，通信网的控制系统为了不中断用户的通信就要进行一系列调整，包括通信链路的转换、位置的更新等，这个过程就叫越区切换。越区切换可分为硬切换和软切换。硬切换是指用户在越区移动时需要在另一个小区（或扇区）寻找空闲信道，当该区有空闲信道时才能切换。软切换是不需要移动台的收、发频率切换，只须在码序列上相应地调整即可。

第四，多径衰落与分集接收技术。在移动通信中，多径传播引起的衰落会严重影响通信质量，而克服多径效应的有效措施是采用分集接收技术。

分集接收技术是指接收机能够同时接收到多个输入信号，这些输入信号载荷相同的信息而且所受到的衰落互不相关。接收机分别解调这些信号，并按一定的规则进行合并，从而大大减小了对信道衰落的影响。

经过分集合成，将两个或多个互不相关的信号在接收机中合在一起，每一时刻都选择衰落最小的信号,这样在提取信息之前就已减弱了衰落。若要接收从不同传输路径来的信号,只要接收信号的码元解调信号频带远宽于传输信道的相关带宽,即传送码元解调输出的脉冲宽度比不同路径的相对传播时延差小,则在接收端就可能分出不同路径的码元解调成分。对这些分开的信号进行处理即可达到分集的目的。

在 CDMA 系统中,对不同路径来的多径信号分别进行延迟、加权、相关、合并等处理,使之在时间和相位上校准后相加,把这些携带同一信息的各个路径信号的能量收集起来,即可获得较高的信噪比。

第五,地址码的选择。CDMA 系统所选的地址码应具有良好的相关特性和随机性,其选择直接影响到系统的容量、抗干扰能力、接入和切换速度等性能。

常用的地址码有伪随机码的 m 序列(自相关特性佳,但互相关特性差、序列个数有限)和 Gold 码(其基于 m 序列,序列数更多),以及作为正交码的沃尔什码(自相关特性与互相关特性良好)。

第六,相关接收技术。CDMA 利用地址码的相关特性进行解扩,从噪声中提取信息,此过程为相关接收。相关器可由各种网络实现,常采用匹配滤波器使有用信号匹配输出,而使干扰和噪声不匹配受到抑制,因而得到最大信噪比。

第七,同步技术。在 CDMA 系统中,为了使接收机能正确恢复原始信号码,收发两端伪随机码(PN 码)的同步是关键。PN 码的同步一般分为捕获(初始同步)和跟踪两个步骤。

二、移动通信系统发展路径分析

"随着科学技术的飞速发展,移动通信技术领域也在发生着重大变化。"[①]

(一)第二代移动通信系统

第二代移动通信系统(2G)是以数字技术为主体的移动经营网络。在中国,第二代移动通信系统以 GSM 为主,IS-95、CDMA 为辅。

1. GSM 系统

随着第一代模拟移动通信系统的没落,之后广泛使用的移动通信系统为第二代移动通信系统,具有代表性的便是数字蜂窝移动通信系统(GSM)。

GSM 数字蜂窝移动通信系统是由欧洲主要电信运营商和制造厂家组成的标准化委员会

---

① 李蕾. 第五代移动通信技术 [J]. 通讯世界,2016(10):97.

设计出来的，它是在蜂窝系统的基础上发展而成的。

GSM 使用时分多址技术（TDMA），其基本思想是系统中各移动台占用同一频段，但占用不同的时隙，即在一个通信网内各台占用不同的时隙来建立通信的方式。通常各移动台只在规定的时隙内以突发的形式发射它的信号，这些信号通过基站的控制在时间上依次排列、互不重叠；同样，各移动台只要在指定的时隙内接收信号，就能从各路信号中把基站发给它的信号识别出来。

GSM 系统中既采用了 TDMA 技术，也采用了 FDMA 技术。具体来说就是，1 个频道（1 个载波）可同时传送 8 个话路，而一个频道暂用 200kHz 带宽，即频道间隔为 200kHz。这样，在 GSM 的 25MHz 带宽内，总共可容纳 1000 个用户。

GSM 数字蜂窝移动通信系统从理论的提出到第一个试验系统的诞生（1993 年）耗时多年，随后通过不断改进和完善，基本形成了现今的两个主要规范（GSM900 和 DCS1800），这两个规范之间的差别很小，都包括了 12 项内容，其共同点都只对功能和接口制定了详细的规范，未对硬件做出规定，这便给各运营商留下了广阔的选择空间，反过来也刺激了 GSM 数字蜂窝移动通信系统的广泛使用。

从 1993 年以后，由于 3G 概念的提出，GSM 技术规范的进一步修改实际上已终止。但由于现今第三代移动通信系统还未大规模商用，GSM 还必须承担主要移动通信系统的角色，并可能长期与 2.5G 共存。

2. 通用分组无线业务

通用分组无线业务（GPRS）是 GSM 系统中发展出来的一种分组业务。其移动终端通过 GSM 网络提供的寻址方案和运营商的网间互通协议，可实现全球间网络通信。

GPRS 可视为是 GSM 向 IP 和 X.25 数据网的延伸，或是互联网在无线应用上的延伸。在 GPRS 上，其移动终端通过 GSM 网络提供的寻址方案和运营商的网间互通协议，可实现 FTP、Web 浏览器、E-mail 等互联网应用。

由于 GSM 是基于电路交换的网络，GPRS 的引入须对原有网络进行若干改动，并须增加新的设备，如 GPRS 业务支持节点、网关支持节点和 GPRS 骨干网；此外，其他新技术（如分组空中接口、信令和安全加密等）也得到了改进。GPRS 提高了线路利用率，其利用了数据通信统计复用和突发性的特点，只有当数据传送或接收时才占用无线频率资源。

GPRS 网络在现有的 GSM 网络中，增加了 GPRS 网关支持节点（GGSN）和 GPRS 服务支持节点（SGSN），使得用户能够在端到端的分组方式下发送数据和接收数据。

（二）第三代移动通信系统

20 世纪 80 年代的 TACS 等模拟移动通信系统为第一代移动通信系统，20 世纪 90 年代

GSM、CDMA 等为第二代移动通信系统，IMT2000 等系统可称为第三代移动通信系统（3G）。第三代移动通信系统是历经第一代、第二代移动通信系统发展而来的。

国际电信联盟（ITU）对 3G 系统划分频带为上行（移动站——基站）1885～2025MHz；下行（基站——移动站）2110～2200MHz。其中，1980～2010MHz 和 2170～2200MHz 用于移动卫星业务（MSS），其他频段上下行不对称，可采用频分双工（FDD）和时分（TDD）方式。附加频段为 806～960MHz，1710～1885MHz，2500～2690MHz。

国际电信联盟（ITU）目前批准的 3G 主流技术标准分别为 WCDMA、CDMA2000 和 TD-SCDMA。三种 3G 主流技术各具有技术优势，并根据其工作方式采取了不同的关键技术措施。

1. WCDMA 系统

WCDMA 是从 GSM 演化而来，故 WCDMA 的许多高层协议和 GSM/GPRS 基本相同或相似。

（1）WCDMA 系统的主要特点

第一，双工方式。WCDMA 支持频分双工（FDD）和时分双工（TDD）。在 FDD 模式下，上行链路和下行链路分别使用两个独立的 5MHz 的载频，发射和接收频率间隔分别为 190MHz 或 80MHz，也不排除在现有频段或别的频段使用其他的收发频率间隔；在 TDD 模式下仅使用一个 5MHz 的载频，上、下行信道不是成对的，上、下行链路之间分时共享同一载频，载频的中心频率为 200kHz 的整数倍，发射和接收同在一个频率上。

第二，多址方式。WCDMA 为宽带直扩码分多址（DS-CDMA）系统。数据流用正交可变扩频码（OVSF，也称为信道化码）来扩频，扩频后的码片速率为 3.84Mchip/s；扩频后的数据流使用互相关特性好的 Gold 码为数据加扰，适合用于区分小区和用户。

第三，声码器。WCDMA 中的声码器采用自适应多速率（AMR）技术。多速率声码器是一个带有八种信源速率的集成声码器。合理利用 AMR 声码器，有可能在网络容量、覆盖以及话音质量间按运营商的要求进行统筹考虑。

第四，信道编码。WCDMA 系统中使用卷积码和 Turbo 码。卷积码已经被长期广泛使用（移动通信系统多采用卷积码作为信道编码）；Turbo 码开始于 20 世纪 90 年代初，该编码在低信噪比条件下具有优越的纠错性能，能有效降低数据传输的误码率，适于高速率、对译码时延要求不高的分组数据业务。

第五，功率控制。WCDMA 系统的功率控制主要解决远近效应问题（接收机接收到近距离发射机的信号较易，而接收到远距离发射机的信号较难）。其快速功率控制速率为 1500 次/s，称为内环功率控制，同时应用在上行链路和下行链路，控制步长 0.25～4dB 可变；外环功率控制的速率则低得多，最多 100 次/s。

第六，切换。WCDMA 系统支持软切换、更软切换、硬切换和无线接入系统间切换，其目的是当用户设备在网络中移动时，保持无线链路的连续性和无线链路的质量。

第七，基站同步方式。WCDMA 系统的不同基站可选择同步和异步两种方式。异步方式可不采用 GPS 精确定时，支持异步基站运行，室内小区和微小区基站的布站就变得简单了，使组网实现方便、灵活。

（2）WCDMA 网络结构。在逻辑结构上，WCDMA 系统与第二代移动通信系统基本相同。按功能划分，系统由核心网（CN）、无线接入网（UTRAN）、用户设备（UE）等组成。其中，核心网与无线接入网之间的开放接口为 Iu，无线接入网与用户设备间的开放接口为 Uu。

第一，用户设备。用户设备（UE）完成人与网络间的交互，用以识别用户身份并为用户提供各种业务功能，如普通语音、数据通信、移动多媒体、互联网应用等。UE 主要由移动设备（ME）和通用用户识别模块（USIM）两部分组成。UE 通过 Uu 接口与无线接入网相连，与网络进行信令和数据交换。

移动设备（ME）。即手机，有车载型、便携型和手持型，包括射频处理单元、基带处理单元、协议栈模块，以及应用层软件模块等部件。

通用用户识别模块（USIM）。物理特性与 GSM 的 SIM 卡相同，提供 3G 用户身份识别，储存移动用户的签约信息、电话号码、多媒体信息等，提供保障 USIM 信息安全可靠的安全机制。USIM 和 ME 之间的接口称为 Cu 接口（采用标准接口）。

第二，通用陆地无线接入网络。无线接入网（UTRAN）位于两个开放接口 Uu 和 Iu 之间，完成所有与无线有关的功能。其主要功能有宏分集处理、移动性管理、系统的接入控制、功率控制、信道编码控制、无线信道的加密与解密、无线资源配置、无线信道的建立和释放等。

UTRAN 由一个或若干个无线网络子系统（RNS）组成。RNS 负责所属各小区的资源管理，每个 RNS 包括一个无线网络控制器（RNC）、一个或若干个 NodeB（即基站，GSM 系统中对应的设备为 BTS）。

第三，核心网。核心网（CN）承担各种类型业务的提供以及定义，包括用户的描述信息、用户业务的定义，以及相应的一些其他过程。核心网负责内部所有的语音呼叫、数据连接和交换，以及与其他网络的连接和路由选择的实现。不同协议版本核心网之间存在一定的差异。

第四，外部网络。核心网（CN）的电路交换域（CS）通过关口移动交换中心（GM-

SC）与外部网络相连，如公用电话网（PSTN）、综合业务数字网（ISDN）及其他公共陆地移动网（PLMN）。核心网的分组交换域（PS）则通过 GPRS 网关支持节点（GGSN），与外部的互联网及其他公用数据网（PDN）等相连。

2. TD-SCDMA 系统

TD-SCDMA 是世界上第一个采用时分双工（TDD）方式和智能天线技术的公众陆地移动通信系统，也是唯一采用同步 CDMA（SCDMA）技术和低码片速率（LCR）的第三代移动通信系统，同时采用了多联合检测、软件无线电、接力切换等一系列高新技术。

（1）TD-CDMA 系统的主要参数

第一，时分多址。TD-CDMA 系统使用时分多址技术，将时间分割成不同的时隙，每个时隙可以分配给不同的用户进行通信。

第二，码分多址。TD-CDMA 系统使用码分多址技术，通过在传输过程中使用不同的扩频码对数据进行编码和解码，以实现多个用户之间的同时通信。

第三，带宽。TD-CDMA 系统的带宽是指在频域上用于传输数据的频率范围。带宽决定了系统可以传输的数据量和传输速率。

第四，载波频率。TD-CDMA 系统使用的载波频率是无线信号的基本频率。它用于传输数据和实现无线通信。

第五，信道带宽。TD-CDMA 系统中的信道带宽是指单个用户在系统中使用的频带宽度。每个用户可以被分配一个或多个信道带宽。

第六，扩频码。TD-CDMA 系统中的扩频码用于对数据进行编码和解码。它可以将用户的数据扩展到较宽的频带上，以实现多用户之间的并行传输。

第七，帧结构。TD-CDMA 系统中的帧结构是指在时间上对数据进行分割的方式。它确定了时隙的数量和时隙的分配方式。

发射功率。TD-CDMA 系统中的发射功率是指无线设备发送信号的功率级别。发射功率的大小直接影响了系统的覆盖范围和通信质量。

以上是 TD-CDMA 系统的主要参数，它们共同决定了系统的性能和能力。不同的 TD-CDMA 系统可以有不同的参数设置，根据具体的应用需求和网络规模来确定适合的参数配置。

（2）TD-SCDMA 网络接口与系统技术

第一，TD-SCDMA 系统的网络结构。TD-SCDMA 与 WCDMA 具有相同的网络结构、高层指令和基本一致的相应接口定义（网络结构与接口有关内容可参考 WCDMA 相关内容）。两类制式后向兼容 GSM 系统，可以使用同一核心网，且都支持核心网逐步向全 IP

方向发展。TD-SCDMA 与 WCDMA 的差异主要是空中接口的物理层，每个标准各有其特点。

第二，TD-SCDMA 系统空中接口信道。在空中接口中，物理层与高层的通信接口有无线资源控制（RRC）子层和媒体接入控制（MAC）子层。在 TD-SCDMA 系统中，存在三种信道模式。①逻辑信道。逻辑信道是 MAC 子层向上层（RLC 子层）提供的服务，其描述的是承载什么类型的信息。TD-SCDMA 的逻辑信道分类与 WCDMA 基本一致，仅在控制信道增加了共享控制信道。②传输信道。TD-SCDMA 通过物理信道模式直接把需要传输的信息发送出去，即在空中传输物理信道承载的信息。传输信道作为物理层向高层提供的服务，其描述的是所承载信息的传送方式。③物理信道。物理信道由频率、时隙、码字共同定义。物理信道的帧结构分为四层：超帧（系统帧）、无线帧、子帧和时隙/码道。子隙是系统无线发送的最小单位。每个子隙由七个常规时隙和三个特殊时隙组成。

（3）TD-SCDMA 系统编码与复用。为了保证数据在无线链路上的可靠传输，物理层需要对来自 MAC 子层和高层的数据流进行编码/复用后发送。同时，物理层对接收自无线链路上的数据需要进行解码/解复用后，再传送给 MAC 子层和高层。

在 TD-SCDMA 模式下，每个子帧的基本物理信道（某一载频上的时隙和扩频码）的全部数量由最大时隙数和每个时隙中最大的码道数来决定。

（4）TD-SCDMA 系统扩频与调制。在 TD-SCDMA 中，经过物理信道映射后的数据流还要进行数据调制和扩频调制。数据调制可采用 QPSK 或 8PSK（对于 2Mbit/s 的业务）方式，即把连续的 2bit（QPSK）或连续的 3bit（8PSK）数据映射为一个符号，数据调制后的复数符号再进行扩频调制。

（5）TD-SCDMA 系统功率控制技术。TD-SCDMA 系统使用智能天线和联合检测等空时处理技术，与其他的 CDMA 系统相比，该系统的功率控制功能和方法有很大不同。多用户联合检测能有效解决接收电平差异所产生的干扰，从而降低了 CDMA 系统中的远近效应，进而降低功率控制要求。使用智能天线后，因其具有较好的空间选择性和抗远近干扰的能力，可有效降低多址干扰，故功率管理的边界约束条件较为宽松，易实现快速功率控制，以适应快速变化的多种衰落的移动通信环境，系统可以达到理想的设计容量。

(三)　第四代移动通信系统

随着人们对移动通信系统各种需求的与日俱增，2G、2.5G、3G 系统已不能满足现代移动通信系统日益增长的高速多媒体数据业务需求。这使得全世界通信业的专家们将目光投向了第四代、第五代移动通信，以期最终实现商业无线网络、局域网、蓝牙、广播、电视卫星通信的无缝衔接并相互兼容，真正实现"任何人在任何地点以任何形式接入网络"的梦想。

1. 4G 的主要特点

（1）高速率、高容量。4G 最大数据传输速率超过 100Mbit/s，这个速率是移动电话数据传输速率的 1 万倍，也是 3G 移动电话速率的 50 倍。4G 系统容量至少应是 3G 系统容量的 10 倍。

（2）网络频带更宽。每个 4G 信道将占有 100MHz 频谱，相当于 WCDMA3G 网络的 20 倍。

（3）兼容性更加平滑。4G 应该接口开放，能够跟多种网络互联，并且具备很强的对 2G、3G 手机的兼容性，以完成对多种用户的融合，在不同系统间进行无缝切换，传送高速多媒体业务数机的兼容性，以完成对多种用户的融合，在不同系统间进行无缝切换，传送高速多媒体业务数据。

（4）灵活性更强。4G 拟采用智能技术，可自适应地进行资源分配。采用智能信号处理技术对信道条件不同的各种复杂环境进行信号的正常收/发。

（5）具有用户共存性。能根据网络的状况和信道条件进行自适应处理，使低、高速用户和各种用户设备能够并存与互通，从而满足多类型用户的需求。运营商或用户花费更低的费用就可随时随地地接入各种业务。

2. 4G 的关键技术

（1）正交频分复用（OFDM）技术。OFDM 是一种无线环境下的高速传输技术，其基本思想是在频域内将给定信道分成许多正交子信道，在每个子信道上使用一个子载波进行调制，各子载波并行传输。尽管总的信道是非平坦的，即具有频率选择性，但是每个子信道是相对平坦的，在每个子信道上进行的是窄带传输，信号带宽小于信道的相应带宽。

OFDM 技术的优点是可以消除或减小信号波形间的干扰，对多径衰落和多普勒频移不敏感，提高了频谱利用率，可实现低成本的单波段接收机。

（2）软件无线电技术。软件无线电是一种用软件实现物理层连接的无线通信方式，其基本思想是把尽可能多的无线及个人通信功能通过可编程软件来实现，使其成为一种多工作频段、多工作模式、多信号传输与处理的无线电系统。

（3）智能天线技术。智能天线具有抑制信号干扰、自动跟踪及数字波束调节等智能功能，是未来移动通信的关键技术。智能天线应用数字信号处理技术，产生空间定向波束，使天线主波束对准用户信号到达方向，旁瓣或零陷对准干扰信号到达方向，达到充分利用移动用户信号并消除或抑制干扰信号的目的。这种技术既能改善信号质量，又能增加传输容量。

（4）多输入多输出（MIMO）技术。MIMO 技术是指利用多发射、多接收天线进行空间分集的技术，其采用分立式多天线，能够有效地将通信链路分解成为许多并行的子信道，从而大大提高容量。信息论已经证明，当不同的接收天线和不同的发射天线之间互不相关时，MIMO 系统能够很好地提高系统的抗衰落和噪声性能，从而获得巨大的容量。在功率带宽受限的无线信道中，MIMO 技术是实现高数据速率、提高系统容量、提高传输质量的空间分集技术。

（5）基于 IP 的核心网。4G 移动通信系统的核心网是一个基于全 IP 的网络，可以实现不同网络间的无缝互联。核心网独立于各种具体的无线接入方案，能提供端到端的 IP 业务，能同已有的核心网和 PSTN 兼容。核心网具有开放的结构，能允许各种空中接口接入核心网；同时核心网能把业务、控制和传输等分开。采用 IP 后，所采用的无线接入方式和协议与核心网络（CN）协议、链路层是分离独立的。IP 与多种无线接入协议相兼容，因此在设计核心网络时具有很大的灵活性，不需要考虑无线接入究竟采用何种方式和协议。

（四）第五代移动通信系统

为了满足 5G 性能指标，支持 5G 更丰富的应用场景，3GPP 提出了 NR（New Radio）的概念，5GNR 可能采用的关键技术包括：第一，灵活的参数集（带宽、子载波间隔等）设计，以适应不同的频段和场景；第二，灵活的帧结构设计，以支持灵活的上下行配置；第三，大规模天线技术，使用更多的天线数目和通道数来提高频谱效率和系统容量；第四，新型多址技术，通过非正交/免调度的多址方式来增加系统的连接能力，候选方案包括 MUSA、PDMA、SCMA 和 NOMA 等；第五，新型多载波技术，通过滤波等方式来降低对同步的需求和带外辐射，以便更充分地利用频谱资源，候选技术包括 FB-OFDM、F-OFDM 和 UF-OFDM 等；第六，新型编码技术，提高系统纠错能力和可靠性，候选技术包括 LDPC、Polar、增强 Turbo 等；第七，支持高频应用。

1. 毫米波

毫米波，即波长为 1~10mm，频率为 30~300GHz 的电磁波，信道容量跟带宽成正比，且频率越高，带宽就越大，正是由于毫米波有足够量的可用带宽、较高的天线增益，故可以支持超高速的传输率，且波束窄，灵活可控，可以连接大量设备。

2. 非正交多址接入技术（NOMA）

非正交多址技术的基本思想是在发送端采用非正交发送，主动引入干扰信息，在接收端通过串行干扰删除（SIC）接收机实现正确解调。NOMA 的子信道传输依然采用正交频分复用（OFDM）技术，子信道之间是正交的，互不干扰，但是一个子信道上不再只分配给一个用户，而是多个用户共享。同一子信道上不同用户之间是非正交传输，这样就会产生用户间干扰问题，这也就是在接收端要采用 SIC 技术进行多用户检测的目的。

3. 5G 无线接入技术——新波形

5G 的波形要基于 OFDM，候选波形主要有：F-OFDM、W-OFDM、UF-OFDM、FB-OFDM、FC-OFDM、FBMC、DFS-s-OFDM、OTFS 等。

4. 5G 网络架构的发展方向

（1）支持各种差异化场景。

（2）面向客户的业务模式。

（3）支持业务的快速建立和修改。

（4）支持更高性能。

5. 5G 网络构架

（1）网络切片。应对物联网多样化的需求网络切片架构主要包括切片管理和切片选择两项功能。切片管理功能有机串联商务运营、虚拟化资源平台和网管系统，为不同切片需求方（如垂直行业应用、虚拟运营商和企业用户等）提供安全隔离、高度自控的专用逻辑网络。切片选择功能实现用户终端与网络切片间的接入映射。

（2）软件定义网络（SDN）。解耦移动核心网网关的控制和转发功能 SDN 通过将网络设备控制面与数据面分离开来，从而实现了网络流量的灵活控制，使网络作为管道变得更加智能。网络功能虚拟化通过软硬件解耦及功能抽象，使网络设备功能不再依赖于专用硬件，资源可以充分灵活共享，实现新业务的快速开发和部署，并基于实际业务需求进行自动部署、弹性伸缩、故障隔离和自愈。

（3）网络功能虚拟化（NFV）。将专用模块拆分成功能独立的通用性模块。

（4）移动边缘计算（MEC）。将计算能力下沉到移动边缘节点，利用无线接入网络就近提供电信用户 IT 所需服务和云端计算功能。可向行业提供订制化、差异化服务，进而提升网络利用效率和增值价值。部署策略（尤其是地理位置）可以实现低延迟、高带宽的优势。可以实时获取无线网络信息和更精准的位置信息来提供更加精准的服务。

第四节　光纤通信技术原理与应用

一、光纤通信界定

光纤通信技术是一种利用光信号在光纤中传输信息的通信技术。它基于光的特性，通过光的衰减、反射和折射等现象实现信号的传输。"在国内通信行业中，现代光纤通信技术占据着重要地位，是当代通信领域支柱之一。"[①]

光纤是一种具有高折射率的细长介质，通常由玻璃或塑料制成。当光从一种介质射入到折射率较高的介质中时，光线会发生折射。而当光线在介质边界以接近垂直的角度射入时，会发生全反射现象，即光线完全被限制在介质中传播。

光纤通信系统中的发光源通常使用激光器或发光二极管（LED）。发光源产生的光信号被输入到光纤的一端，并通过光纤进行传输。光信号通过光纤的传输。光纤内部的光线通过全反射的方式沿着光纤的轴向传播。由于光纤的高折射率和精确的制造工艺，光信号在光纤中的衰减非常小，可以实现长距离的传输。

尽管光纤的衰减非常小，但仍然会受到光纤材料和结构的限制而引起一定的衰减。此外，光信号在光纤中传播时还会受到色散的影响，即不同频率的光信号在光纤中传播速度不同，导致信号失真。为了克服衰减和色散，光纤通信系统中通常采用光放大器和光纤补偿技术。光纤通信系统中，光信号在接收端通过光检测器（如光电二极管或光电探测器）进行接收。光检测器将光信号转换为电信号，并经过放大、滤波和调整等处理后，将电信号传递给接收设备进行进一步处理和解码。

光纤通信之所以受到人们的极大重视，这是因为和其他通信手段相比，具有无与伦比的优越性。

第一，传输频带宽，通信容量大。可见光波长范围在 $390\sim780nm$，而用于光纤通信的近红外区段的光波波长为 $800\sim2000nm$，具有非常宽的传输频带。在光纤的三个可用传输窗口中，$0.85\mu m$ 窗口只用于多模传输，$1.31\mu m$ 和 $1.55\mu m$ 多用于单模传输。每个窗口的可用频带一般在几十到几百吉赫兹之间。近些年来，随着技术进步和新材料的应用，又相继开发出了第四窗口（L波段）、第五窗口（全波光纤）和S波段窗口，具备了宽带大容

① 彭博文. 现代光纤通信技术的特点及应用［J］. 数字通信世界，2023（4）：106.

量的特点。

第二，传输损耗小，中继距离长。由于光纤具有极低的衰耗系数（目前商用化石英光纤已达 0.19dB/km 以下），若配以适当的光发送与光接收设备，可使其中继距离达几十上百千米，这是传统的电缆、微波等根本无法与之相比拟的。光纤的这种低损耗的特点支持长距离无中继传输。中继距离的延长可以大大减少系统的维护费用。

第三，保密性能好。光波在光纤中传输时只在其芯区进行，基本上没有光"泄漏"出去，因此其保密性能极好。

第四，适应能力强。光纤不怕外界强电磁场的干扰，耐腐蚀，可挠性强（弯曲半径大于 25cm 时其性能不受影响）。

第五，体积小、重量轻、便于施工维护。一根光纤外径不超过 125μm，经过表面涂敷后尺寸也不大于 1mm。制成光缆后直径一般为十几毫米，比金属制作的电缆线径细、重量轻，光缆的敷设方式方便灵活。

第六，原材料来源丰富，潜在价格低廉。制造石英光纤的最基本原材料是二氧化硅即沙子，而沙子在大自然界中几乎是取之不尽、用之不竭的。因此，其潜在价格是十分低廉的。

二、光纤通信系统

（一）光发送端机和光接收端机

1. 光发送端机的组成

（1）均衡放大。ITU-T 规定了不同速率的光发送机接口速率和接口码型。由 PCM 端机送来的 HDB3 或 CMI 码流，经过电缆的传输产生了衰减和畸变，要进行均衡放大，用以补偿由电缆传输所产生的衰减或畸变，以便正确译码。

（2）码型变换。在数字电路中，为了处理方便，由均衡器输出的 HDB3 码或 CMI 码，须通过码型变换电路，将其变换为二进制单极性码。

（3）扰码。若信码流中出现长连"0"或长连"1"的情况，将会给时钟信号的提取带来困难，为了避免出现这种情况，须加一扰码电路。它可有规律地破坏长连"0"或长连"1"的码流，从而达到"0""1"等概率出现。相应地，接收机须要加一个解扰电路，以恢复原来的信号流。

（4）时钟提取。由于码型变换和扰码过程都需要以时钟信号作为依据，因此，在均衡放大电路之后，由时钟提取出时钟信号，供给均衡放大、码型变换、扰码电路和编码电路使用。

（5）编码。经过扰码后的码流，尽量使"1"和"0"的个数均等，这样便于接收端提取时钟信号。而且在实用上，为了便于不间断业务的误码监测，区间通信联络、监控及克服直流分量的波动，在实际的光纤通信系统中，都要对经过扰码以后的信码流进行编码，以满足上述要求。经过编码以后，线路码型已适合在光纤线路中传送。

（6）驱动（调制）。光源驱动电路用经过编码以后的数字信号来调制发光器件的发光强度，完成电/光转换。光源发出的光强随经过编码后的信号源变化，形成相应的光脉冲送入光导纤维。

（7）自动光功率控制。光源经一段使用时间将出现老化，如果光源采用 LD 管，必须设有自动光功率控制（APC）和自动温度控制（ATC）电路，达到稳定输出光功率的目的。采用 LED 管时，可不设置。

（8）自动温度控制。由于半导体光源的调制特性曲线对环境温度变化的反应很灵敏，使输出光功率出现变化，一般在发送机盘上装有 ATC 电路。在发送盘，除上述主要功能以外，还有一些辅助功能，如光源过流保护功能、无光告警功能等。

2. 光接收机的组成

（1）光电检测器。由光纤传输过来的光信号，送到光接收机，光信号进入光电检测器，将光信号转变为电信号。光电检测器是利用材料的光电效应来实现光电转换的。

在光纤通信中，由于光纤的芯径很细，因此，要求器件的体积小，重量轻，故多采用半导体光电检测器。它是利用半导体材料的光电效应来实现光电转换的。

在光纤通信中常用的半导体光电检测器是光电二极管 PIN 和雪崩光电二极管 APD，这两种光电管的主要区别是 APD 管须外加高反偏电压，使其内部产生雪崩增益效应，因此，它不但具有光电转换作用，而且具有内部放大作用。PIN 管比较简单，只需 10~20V 的电压即可工作，且不需要偏压控制，但没有增益。

（2）前置放大器。在一般的光纤通信系统中光信号经光电检测器的光电变换后，输出的电流是十分微弱的，为了使光接收机判决电路正常工作，必须将这种微弱的电信号进行若干级放大。

放大器在将信号放大的过程中，放大器本身的电阻将引入热噪声；放大器中的晶体管将引入散弹噪声。不仅如此，在一个多级放大器中，后一级放大器还会把前一级放大器输出的信号和噪声同时放大。

因此，对多级放大器的前级就有特别要求，前主放大器的性能对接收机的性能有十分重要的影响，要求它是低噪声、高增益的放大器。这样才能得到较大的信噪比 SNR，前置放大器一般采用 APD，它的输出为毫伏数量级。

（3）主放大器。主放大器的作用是将前置放大器输出的信号，放大到几伏数量级，使后面判决电路能正常工作。主放大器一般是一个多级增益可调节放大器。当光电检测器输出的信号出现起伏时，通过光接收机的自动增益控制电路 AGC 用反馈环路来控制放大器，对主放大器的增益进行调整，以使主放大器的输出信号幅度在一定范围内保持恒定，主放大器和 AGC 决定着光接收机的动态范围，使判决器的信号稳定。

（4）均衡器。在数字光纤通信系统中，送到光发送机进行调制的数字信号是一系列矩形脉冲。由信号分析知道，理想的矩形脉冲具有无穷的带宽。这种矩形脉冲从发送光端机输出后，要经过光纤、光电检测器、放大器等部件，而这些部件的带宽却是有限的。这样，矩形脉冲频谱中只有有限的频率分量可以通过，使从接收机主放大器输出的脉冲形状不再是矩形的了，可能出现很长的拖尾。这种拖尾现象将会使前、后码元的波形重叠，产生码间干扰，严重时造成判决电路误判，产生误码。

因此，均衡器的主要作用是使经过均衡器以后的波形成为有利于判决的波形，即对已产生畸变的波形进行补偿，并使邻码判决时使本码的拖尾接近 0 值，消除码间干扰，减小误码率。

（5）判决器和时钟恢复电路。判决器由判决电路和码形成电路构成。判决器和时钟恢复电路合起来构成脉冲再生电路。脉冲再生电路的作用，是将均衡器输出的信号，恢复为"0"或"1"的数字信号。判决器中须用的时钟信号也是从均衡器输出的信号中取得，时钟恢复电路是由箍位、整形、非线形处理调谐放大、限幅、整形、移相电路组合而成。

（6）解码、解扰、编码电路。为了使信码流能够高质量地在光纤中传输，光发射机送入光纤的信号是经过扰码、编码处理的。这种信号经过光纤传到接收机后，还需要将上述经过扰码、编码处理过的信号进行一系列的"复原"工作。这些将由接收机中的解码、解扰及码型反变换来完成。

首先，要通过解码电路，将在光纤中传输的光线路码型恢复为发端编码之前的码型。

其次，再经解扰电路，将发送端"扰乱"的码恢复为被扰之前的状况。

最后，再进行码型反变换，将解扰后的码变换为原来适于在 PCM 系统中传输的 HDB3 或 CMI 码，它是发端码型变换部分的逆过程，最后送至电端机中。

（二）光中继器

光脉冲信号从光发射机输出，经光纤传输若干距离以后，由于光纤损耗和色散的影响，将使光脉冲信号的幅度受到衰减，波形出现失真。这样，就限制了光脉冲信号在光纤中做长距离的传输。为此，就须在光波信号经过一定距离传输以后，要加一个光中继器，以放大衰减的信号，恢复失真的波形，使光脉冲得到再生，从而克服光信号在光纤传输中产生的衰减和色散失真，实现光纤通信系统的长途传输。

光中继器一般可分为光—光中继器和光—电—光中继器两种，前者就是光放大器，后者是由能够完成光电变换的光接收端机、电放大器和能够完成电—光变换的光发送端机组成。光放大器省去了光电转换过程，可以对光信号直接进行放大。因此结构比较简单，有较高的效率，在 DWDM 系统中广泛应用。当前实用的 PDH 光纤通信系统，一般采用光—电—光中继器。

一个幅度受到衰减、波形发生畸变的信号，经过中继器的均衡放大、再生之后，即可补偿了光纤的衰减，消除了失真和噪声的影响，恢复为原发送端的光脉冲信号继续向前传输。

三、光纤通信应用

光纤通信技术是一种使用光信号在光纤中传输信息的通信技术。它已经广泛应用于各个领域。

第一，长距离通信。光纤通信是实现长距离、高容量传输的理想选择。由于光信号在光纤中传输的低衰减和低色散特性，它可以实现数百甚至数千千米的通信距离。

第二，宽带互联网。光纤通信技术是实现高速宽带互联网的基础。光纤网络可以提供高带宽和高速的数据传输，满足日益增长的互联网需求，支持高清视频、在线游戏、云计算等应用。

第三，移动通信。光纤通信在移动通信领域也有广泛应用。光纤作为传输基础设施，为移动网络提供高速、可靠的数据传输，支持 4G、5G 等无线通信系统的基站互联和数据传输。

第四，有线电视和视频传输。光纤通信在有线电视和视频传输领域发挥着重要作用。光纤网络可以实现高质量的音视频信号传输，支持高清电视、视频点播、视频监控等应用。

第五，数据中心互联。大型数据中心需要高速、高容量的数据传输和互联。光纤通信技术被广泛应用于数据中心的互联，支持服务器之间的高速通信和数据传输。

第六，医疗领域。光纤通信在医疗领域有重要的应用，例如，远程医疗、医学影像传输等。光纤网络可以实现高速、稳定的医疗数据传输，支持医疗信息的远程访问和共享。

第七，工业自动化。光纤通信在工业自动化领域也有广泛应用。光纤网络可以实现高速、可靠的工业数据传输，支持工业自动化系统的实时监控、控制和数据采集。

这些仅是光纤通信技术的一些应用领域，随着技术的不断发展和创新，光纤通信将在更多的领域发挥重要作用，推动信息通信技术的进步和发展。

第四章　现代传感技术体系及实现

第一节　传感器的基础效应

一、光电效应

（一）外光电效应

在光照射下，物质内部的电子受到光子的作用，吸收光子能量而从表面释放出来的现象称为外光电效应。被释放的电子称为光电子，所以，外光电效应又称为电子发射效应。外光电效应是由德国物理学家赫兹于 1887 年发现的，而对它正确的解释由爱因斯坦提出。基于外光电效应的光电器件有光电管、光电倍增管等。

（二）内光电效应

在光照射下，物体的电阻率发生改变或产生光生电动势的现象称为内光电效应，它多发生于半导体内。根据工作原理的不同，内光电效应分为光电导效应和光生伏特效应两类。

二、电光效应

在外电场的作用下，物质的光学特性（如折射率）发生改变的现象，如某些各向同性的透明物质在电场作用下，其光学特性受外电场影响而发生各向异性变化的现象统称为电光效应。电光效应包括泡克耳斯（Pockels）效应和克尔（Kerr）效应。

（一）泡克耳斯效应

1893 年，德国物理学家 F. C. A. 泡克耳斯提出了泡克耳斯效应。一些晶体在纵向电场（电场方向与光的传播方向一致）的影响下，其各向异性会发生变化，从而形成了双折射现象，称为电致双折射。泡克耳斯通过实验证实了压电晶体的两个主折射率之差为：

$$n_e - n_0 = rE \tag{4-1}$$

式中：r——比例常数。

两主折射率 n_e、n_0 之差与外电场强度 E 成正比，故泡克耳斯效应亦称线性电光效应。

（二）克尔效应

1875 年，英国物理学家 J. 克尔提出了克尔效应。在光照射条件下有各向同性的透明物质，在与入射光垂直的方向上加以高电压会出现双折射现象，也就是说一束入射光分成"寻常"和"异常"两束出射光，该现象称为电光克尔效应，因为两个主折射率的差值与电场强度的平方成正比，那么此效应又称为平方电光效应。实验证明两个主折射率 n_e、n_0 之差 Δn 为：

$$\Delta n = n_e - n_0 = KE^2 \tag{4-2}$$

式中：K——克尔常数；E——电场强度。

（三）光弹效应

光弹效应也叫应力双折射效应，对某些非晶体物质（如环氧树脂、玻璃）施加一机械力，该物质会产生各向异性的性质。例如，对弹性体施加外力或振动使其发生形变，会改变弹性体的折射率，从而得到双折射性质的效应。

三、磁光效应

置于外磁场的物体，在光和外磁场的作用下，其光学特性发生变化的现象称为磁光效应。它包括法拉第效应、磁光克尔效应、科顿-穆顿效应、塞曼效应和光磁效应等。

（一）法拉第效应

1845 年，M. 法拉第发现平面偏振光（即线偏振光）通过带磁性的透光物体或通过在纵向磁场（磁场方向与光传播方向平行）作用下的非旋光性物质时，其偏振光面发生偏转。它是由于磁场作用使直线偏振光分解成传播速度各异的左旋和右旋两圆偏振光，因此，从物质端面出射的合成偏振光将发生偏转。上述现象称为磁光法拉第效应或磁致旋光效应，也称法拉第旋转或磁圆双折射效应。

法拉第效应有许多重要的应用，如用来分析碳氢化合物，因每种碳氢化合物有各自的磁致旋光特性；用于光纤通信系统中的礁光隔离器，减少光纤中器件表面反射光对光源的干扰；利用法拉第效应的弛豫时间不大于 10^{-10} s 量级的特点，可制成磁光调制器和磁光效应磁强计等。

（二）磁光克尔效应

1876 年，英国科学家 J. 克尔发现入射的线偏振光在已磁化的物质表面发生反射，振动面会发生旋转，这种现象称为磁光克尔效应。磁光克尔效应包括极向、横向和纵向三种，也就是物质的磁化强度与反射表面垂直、与表面平行而与入射面垂直、与表面和入射面平行三种。极向和纵向磁光克尔效应的磁致旋光都与磁化强度成正比，一般极向的效应最强，纵向次之，横向不存在显著的磁致旋光。

（三）科顿–穆顿效应

1907 年，A. 科顿和 H. 穆顿在液体中发现，当光的传播方向与磁场垂直时，平行于磁场方向的线偏振光的相速不同于垂直于磁场方向的线偏振光的相速而产生双折射现象，这称为科顿–穆顿效应，或磁致双折射效应。

（四）塞曼效应

1896 年，荷兰物理学家 P. 塞曼发现，当光源放在足够强的磁场中时，光源发出的每条光谱线，都分裂成若干条偏振化的光谱线，分裂的谐线条数随能级的类别而不同的现象，这称为塞曼效应。塞曼效应验证了原子磁矩的空间量子化，为原子结构的研究打下了基础，被认为是 19 世纪末 20 世纪初物理学最重要的发现之一。

（五）光磁效应

光磁效应是磁光效应的逆效应。在光辐射情况下，物质的磁性（如磁化率、磁品各向异性、磁滞回线等）发生变化的现象称为光磁效应，亦称光诱导磁效应。光磁效应是光感生的磁性变化，也称光感效应。这个效应的许多应用正在研究之中。

四、磁电效应

将材质均匀的金属或半导体通电并置于磁场中产生各种物理变化，这些变化统称为磁电效应。磁电效应包括电流磁效应和狭义的磁电效应。电流磁效应是指磁场对通有电流的物体引起的电效应，如磁阻效应和霍尔效应；狭义的磁电效应是指物体由电场作用产生的磁化效应（称作电致磁电效应）或由磁场作用产生的电极化效应（称作磁致磁电效应）。

（一）霍尔效应

霍尔效应是物质在磁场中表现的一种特性，它是由于运动电荷在磁场中受到洛伦兹力作用而产生的结果。

1879 年由德国物理学家 E. H. 霍尔首先发现，金属或半导体薄片置于磁感应强度为 B 的磁场中，磁场方向垂直于薄片，当有电流流过薄片时在垂直于电流和磁场的方向上将产生电动势 E_H，这种现象称为霍尔效应。

以 N 型半导体薄片为例，将半导体薄片置于磁感应强度为 B 的磁场中，磁场方向垂直于薄片。当有电流 I 从 ab 方向通过该薄片时，薄片上的电子将受到洛伦兹力 F_B 的作用，电子向 d 侧堆积，而在相对的另一侧面 c 上因缺少电子而出现等量的正电荷，从而在 ed 方向上产生电场，相应的电动势为 E。使电子受到与洛伦兹力方向相反的电场力 F_B 的作用。

半导体中电子受到的洛伦兹力 F_B 为：

$$F_B = evB \tag{4-3}$$

半导体中电子受到的电场力 F_E 为：

$$F_E = eE_H \tag{4-4}$$

半导体中电子积累越多，受到的电场力 F 越大，而洛伦兹力不变，最后当 $|F_E| = |F_B|$ 时，电子积累达到动态平衡，此时 cd 两侧建立的电动势 E_H 即为霍尔电动势。经过计算，霍尔电动势可用下列式子表示：

$$E_H = K_H IB \tag{4-5}$$

式中：E_H ——霍尔元件的灵敏度，它表示霍尔元件在单位磁感应强度和单位激励电流作用下霍尔电动势的大小，与霍尔薄片材料和尺寸有关。

若磁感应强度 B 不垂直于半导体薄片，而是与薄片法线成某一角度 θ，则此时霍尔电动势表示为：

$$E_H = K_H IB\cos\theta \tag{4-6}$$

由上式可以看出，当磁场与霍尔元件垂直，霍尔元件灵敏度 K_H 不变，通过霍尔元件的电流 I 保持不变时，霍尔电动势 K_H 只与磁感应强度 B 有关，则通过测量 K_H 的值，便可以测得 θ 的值。由此可以制作成测量与磁感应强度相关的传感器。

同理，当磁感应强度 B 不变，霍尔元件灵敏度 K_H 不变，通过霍尔元件的电流 I 保持不变时，霍尔电动势 K_H 只与磁感应强度 B 与霍尔元件的法线方向的夹角 θ 有关，则通过

测量 K_H 的值，便可以测得 θ 值。由此可以制作成测量角度相关的传感器。

（二）磁阻效应

1857 年英国物理学家威廉·汤姆森发现，当通以电流的半导体或金属薄片置于与电流垂直或平行的外磁场中时，其电阻会随外加磁场变化而变化，这种现象称为磁阻效应。在磁场作用下，半导体片内电流分布是不均匀的，改变磁场的强弱会影响电流密度的分布，故表现为半导体片的电阻变化。

$$\frac{\Delta\rho}{\rho_0} = K\mu^2 B^2 \left[1 - f\left(\frac{L}{b}\right) \right] \tag{4-7}$$

式中：ρ_0——零磁场时的电阻率；

$\Delta\rho$——磁感应强度为 B 时电阻率的变化量；

K——比例因子；

μ——电子迁移率；

B——磁感应强度；

L——磁敏电阻的长；

b——磁敏电阻的宽；

$f\left(\dfrac{L}{b}\right)$——形状效应系数。

同霍尔效应一样，磁阻效应也是由于载流子在磁场中受到洛伦兹力而产生的。与霍尔效应有区别，霍尔电势是指垂直于电流方向的横向电压，而磁阻效应是指沿电流方向的电阻变化。

磁阻效应与材料的性质及几何形状有关，一般电子迁移率越大的材料，磁阻效应越显著，而元件的长宽比越小，磁阻效应越大。

五、热电效应

热电效应是温差电效应的俗称。它是温差转换成电的物理效应，通常指塞贝克效应，其逆效应有珀耳帖效应和汤姆逊效应。

（一）塞贝克效应

塞贝克效应由德国物理学家托马斯·约翰·塞贝克于 1921 年发现。塞贝克效应又称作第一热电效应，是指由于温差而产生的热电现象。在两种金属 A 和 B 组成的回路中，如果使两个接触点的温度不同，则在回路中将出现电流，称为热电流，或温差电流，产生电流的电动势称为温差电动势，其数值与导体或半导体的性质及两结点的温差有关。这种现象称为塞贝克效应，也称为温差电效应或热电效应。温差电动势亦称为塞贝克电动势，它由两部分电势组成：一是两种导体的接触电势，称珀耳帖电势；二是单一导体的温差电势，称汤姆逊电势。

两种金属导体接触时，自由电子由密度大的导体向密度小的导体扩散，直至动态平衡而形成，在接触处两侧失去电子而带正电，得到电子的带负电，从而得到稳定的接触电势。

单一导体的温差电势是由于自由电子在高温端具有较大的动能，向低温端扩散而形成的。高温端失去电子面带正电，低温端得到电子而带负电。

因此，两种金属导体 A、B 组成的闭合回路，当结点温度分别为 T_2、T_1 时，温差电效应产生的电动势为：

$$E_{AB}(T_2, \ T_1) = \frac{k}{e}(T_2 - T_1) \ln \frac{n_A}{n_B} + \int_{T_0}^{?}{}^{T} (\sigma_A - \sigma_B) \, \mathrm{d}T \qquad (4-8)$$

式中：k ——波尔兹曼常数，$k = 1.38 \times 10^{-23}$J/k；

e ——电子电荷量，$e = 1.602 \times 10^{-19}$C；

n_A，n_B ——金属 A、B 的自由电子密度；

σ_A，σ_B 为金属 A、B 的汤姆逊系数。

在一定温度范围内，温差电动势 E 为：

$$E = \alpha(T_2 - T_1) \qquad (4-9)$$

式中：α ——塞贝克系数；

T，T_2——闭合回路两结点的温度。

（二）珀耳帖效应

珀耳帖效应又称作热电第二效应，由法国科学家珀耳帖于 1834 年首先发现。当电流流过两种导体组成的闭合回路时，一结点处变热（吸热），另一结点处变冷（放热），或当电流以不同方向通过金属与导体相接触处时，其接触处或发热或吸热，这种现象称为珀耳帖效应，所放出或吸收的热量，称为珀耳帖热量。珀耳帖效应是塞贝克效应的逆效应。

如果通过的电流为 I，则吸收或放出的热量 Q_P，为：

$$Q_p = \beta I \qquad (4-10)$$

式中：β ——珀耳帖系数。β 的大小取决于所用的两种金属的种类和环境温度。它与塞贝克系数之间的关系为：

$$\beta = \alpha T \tag{4-11}$$

式中：T ——环境的热力学温度。

利用珀耳帖效应可以制作半导体电子制冷元件。

（三）汤姆逊效应

汤姆逊效应又称为第三热电效应，是导体两端有温差时产生电势的现象。同一种金属组成闭合回路或一种半导体，保持回路两侧或半导体两端有一定的温度差 ΔT，并通以电流时，回路的温度转折处（或半导体整体）产生比例于 $I\Delta T$ 的吸热或发热，这种现象叫汤姆逊效应。由汤姆逊效应产生的热流量，称汤姆逊热，用符号 Q_T 表示：

$$Q_T = \mu I \Delta T \tag{4-12}$$

式中：μ ——汤姆逊系数；

ΔT ——温差。

μ 的符号取决于电流的方向，当电流从高温处流向低温处为正，效应呈发热状态；反之为负，效应呈吸热状态。

汤姆逊系数与塞贝克系数之间的关系是：

$$\frac{\mu}{T} = \frac{\mathrm{d}\alpha}{\mathrm{d}T} \tag{4-13}$$

六、热释电效应

晶体受热产生温度变化时，其原子排列将发生变化，晶体自然极化，在其两表面产生电荷的现象。这种由于热变化而产生的电极化现象称为热释电效应。

热释电效应产生的电荷 $\Delta\theta$ 与温度 T 的关系为：

$$\Delta\theta = \lambda A \Delta T \tag{4-14}$$

式中：λ ——热释电系数，其大小取决于晶体的材料；

A ——晶体受热表面积。

能产生热释电效应的晶体称为热释电体，又称为热电元件。热电元件常用的材料有单晶（LiTaO 等）、压电陶瓷（PZT 等）及高分子薄膜（PVF 等）。

第二节　光电传感技术及应用

一、光电效应及光电器件

光子是具有能量的粒子，每个光子的能量可表示为：

$$E = hv \tag{4-15}$$

式中：h ——普朗克常数，$h = 6.626 \times 10^{-34} \mathrm{J \cdot s}$；

v ——光的频率。

根据爱因斯坦假设：一个光子的能量只给一个电子。因此，如果一个电子要从物体中逸出，必须使光子能量 E 大于表面逸出功 A_0，这时，逸出表面的电子具有的动能可用光电效应方程表示为：

$$E_k = \frac{1}{2}mv^2 = hv - A_0 \tag{4-16}$$

式中：m ——电子的质量；

v ——电子逸出初始速度。

根据光电效应方程，当光照射在某些物体上时，光能量作用于被测物而释放出电子，这种现象称为光电效应。光电效应中所放出的电子叫光电子。光电效应一般分为外光电效应和内光电效应两大类。根据光电效应可以做出相应的光电转换元件，简称光电器件或光敏器件，它是构成光电式传感器的主要部件。

（一）外光电效应型光电器件

1. 光电管及其基本特性

（1）结构

光电管有真空光电管和充气光电管（或称电子光电管和离子光电管）两类。两者结构相似。真空光电管由一个阴极和一个阳极构成，并且密封在一只真空玻璃管内。阴极装在玻璃管内壁上，其上涂有光电发射材料；阳极通常用金属丝弯曲成矩形或圆形，置于玻璃管的中央。光电管的阴极受到适当的光线照射后发射电子，这些电子被具有一定电位的阳极吸引，在光电管内形成空间电子流。如果在外电路中串入适当阻值的电阻，则在此电阻上将有正比于光电管中空间电流的电压降，其值与照射在光电管阴极上光的亮度呈函数关系。

充气光电管的玻璃泡内充入惰性气体，如氩、氖等。当电子在被吸向阳极的过程中，运动着的电子对惰性气体进行轰击，并使其产生电离，会有更多的自由电子产生，从而提高了光电转换灵敏度。

（2）主要性能

第一，光电管的伏安特性。在一定的光照射下，对光电器件的阴极所加电压与阳极所产生的电流之间的关系称为光电管的伏安特性。阳极电流随着光照强度（光通量）的增加而增加，阴极所加电压的增加也有助于阳极电流的增大。

第二，光电管的光照特性。当光电管的阳极和阴极之间所加电压一定时，光通量与光电流之间的关系为光电管的光照特性。光电流与光通量呈线性关系。光照特性曲线的斜率（光电流与入射光光通量之比）称为光电管的灵敏度。

第三，光电管的光谱特性。保持光通量和阴极电压不变，光电管阳极电流与光波长之间的关系称为光谱特性。由于光电阴极对光谱有选择性，所以光电管对光谱也有选择性。具有不同光电阴极材料的光电管，有不同的红限频率，适用于不同的光谱范围。对各种不同波长区域的光，应选用不同材料的光电阴极，以使其最大灵敏度在需要检测的光谱范围内。

2. 光电倍增管及其基本特性

（1）结构

当入射光很微弱时，普通光电管产生的光电流很小，只有零点几微安，不容易被探测。这时常用光电倍增管对电流进行放大。

光电倍增管（PMT）由光阴极、次阴极（倍增极）及阳极三部分组成。阴极材料一般是半导体光电材料锑铯，收集到的电子数是阴极发射电子数的 $10^5 \sim 10^6$ 倍。次阴极一般是在镍或铜–铍的衬底上涂上锑铯材料，次阴极的形状及位置要正好能使轰击进行下去，在每个次阴极间均依次增大加速电压，次阴极多的可达 30 级。阳极是最后用来收集电子的，它输出的是电压脉冲。光电倍增管是灵敏度极高，响应速度极快的光探测器，其输出信号在很大范围内与入射光子数成线性（正比）关系。

（2）主要参数。

第一，倍增系数 M。倍增系数 M 等于各倍增电极的二次电子发射系数 δ 的乘积。如果 n 个倍增电极的 δ 都一样，则阳极电流为：

$$I = iM = i\delta^n \tag{4-17}$$

式中：I——光电阳极的光电流；

i——光电阴极发出的初始光电流；

δ——倍增电极的电子发射系数；

n——光电倍增极数（一般 $9 \sim 11$ 个）。

光电倍增管的电流放大倍数为：

$$\beta = I/i = \delta^n = M \tag{4-18}$$

倍增系数 M 与所加电压有关，反映倍增极收集电子的能力，一般 M 在 $10^5 \sim 10^8$ 范围内。如果电压有波动，倍增系数也会波动。一般阳极和阴极之间的电压为 $1000 \sim 2500\text{V}$ 范围内。两个相邻的倍增电极的电位差在 $50 \sim 100\text{V}$ 范围内。对所加的电压越稳定越好，这样可以减少 M 的统计涨落，从而减小测量误差。

第二，光电阴极灵敏度和光电倍增管总灵敏度。一个光子在阴极上所能激发的平均电子数叫作光电阴极的灵敏度。入射一个光子在阴极上，最后在阳极上能收集到的总的电子数叫作光电倍增管的总灵敏度，该值与加速电压有关。光电倍增管的最大灵敏度可达 10A/lm，极间电压越高，灵敏度越高。但极间电压也不能太高，太高反而会使阳极电流不稳。另外，由于光电倍增管的灵敏度很高，所以不能受强光照射，否则易于损坏。

第三，暗电流。一般在使用光电倍增管时，必须把它放在暗室里避光使用，使其只对入射光起作用。但是，由于环境温度、热辐射和其他因素的影响，即使没有光信号输入，加上电压后阳极仍有电流，这种电流称为暗电流。暗电流主要是热电子发射引起，它随温度增加而增加。不过暗电流通常可以用补偿电路加以消除。

第四，光电倍增管的光谱特性。光电倍增管的光谱特性与相同材料的光电管的光谱特性很相似。

（二）内光电效应型光电器件

内光电效应是指在光线作用下，物体的导电性能发生变化或产生光生电动势的现象。这种效应可分为因光照引起半导体电阻率变化的光导效应（某些半导体材料在入射光能量的激发下产生电子-空穴对，致使材料电特性改变的现象）和因光照产生电动势的光生伏特效应两种。

基于光导效应的光电器件有光敏电阻；基于光生伏特效应的光电器件有光电池；此外，光敏二极管、光敏三极管也是基于内光电效应。

1. 光敏电阻

光敏电阻又称光导管，是一种均质半导体器件。它具有灵敏度高、光谱响应范围宽，体积小、质量轻、机械强度高，耐冲击、耐振动、抗过载能力强和寿命长等特点，被广泛地用于自动化技术中。

（1）光敏电阻的结构和工作原理。当入射光照到半导体上时，若光电导体为本征半导体材料，而且光辐射能量又足够强，则电子受光子的激发由价带越过禁带跃迁到导带，在价带中就留有空穴，在外加电压下，导带中的电子和价带中的空穴同时参与导电，即载流子数增多，电阻率下降。由于光的照射，使半导体的电阻变化，所以称为光敏电阻。

一般单晶的体积小，受光面积也小，额定电流容量低。为了加大感光面，通常采用微电子工艺在玻璃（或陶瓷）基片上均匀地涂敷一层薄薄的光电导多晶材料，经烧结后放上掩蔽膜，蒸镀上两个金（或铟）电极，再在光敏电阻材料表面覆盖一层漆保护膜（用于防止周围介质的影响，但要求该漆膜对光敏层最敏感的波长范围内的光线透射率最大）。

光敏电阻的选用取决于它的主要参数和一系列特性，如暗电流、光电流、光敏电阻的伏安特性、光照特性、光谱特性、频率特性、温度特性及光敏电阻的灵敏度、时间常数和最佳工作电压等。

（2）光敏电阻的主要参数和基本特性

第一，光敏电阻的伏安特性。在一定照度下，光敏电阻两端所加的电压与光电流之间的关系称为伏安特性。在给定的电压下，光电流的数值将随光照增强而增大，其电压-电流关系为直线，即其阻值与入射光量有关。

第二，光敏电阻的光照特性。光敏电阻的光照特性用于描述光电流和光照强度之间的关系，绝大多数光敏电阻光照特性曲线是非线性的。不同光敏电阻的光照特性是不相同的。光敏电阻一般在自动控制系统中用做开关式光电信号转换器而不宜用做线性测量元件。

第三，光敏电阻的光谱特性。光敏电阻的相对灵敏度与入射波长的关系称为光谱特性。对于不同材料制成的光敏电阻，其光谱响应的峰值是不一样的，即不同的光敏电阻最敏感的光波长是不同的，从而决定了它们的适用范围是不一样的。

第四，光敏电阻的响应时间和频率特性。光敏电阻的光电流不能随着光照量的改变而立即改变，即光敏电阻产生的光电流有一定的惰性，这个惰性通常用时间常数来描述。时间常数为光敏电阻自停止光照起到电流下降为原来的63%所需要的时间，因此，时间常数越小，响应越迅速。

不同材料的光敏电阻有不同的时间常数，因此，其频率特性也各不相同。

硫化铅的使用频率范围最大，其他都较差。目前正在通过改进生产工艺来改善各种材料光敏电阻的频率特性。

第五，光敏电阻的温度特性。光敏电阻的光谱响应、灵敏度和暗电阻都要受到温度变化的影响。受温度影响最大的例子是硫化铅光敏电阻。

随着温度的上升，其光谱响应曲线向左（即短波的方向）移动。因此，要求硫化铅光敏电阻在低温、恒温的条件下使用。

2. 光电池

（1）光电池原理。光电池又称太阳能电池，是利用光生伏特效应把光能直接转换成电能的光电器件。一般能用于制造光电阻器件的半导体材料均可用于制造光电池，例如，硒光电池、硅光电池、砷化镓光电池等。

（2）光电池特性

第一，光谱特性。光电池对不同波长的光的灵敏度是不同的。硅光电池的光谱响应波长范围为 $0.4 \sim 1.2 \mu m$，而硒光电池为 $0.38 \sim 0.75 \mu m$，相对而言，硅电池的光谱响应范围更宽。硒光电池在可见光谱范围内有较高的灵敏度，适宜测可见光。

不同材料的光电池的光谱响应峰值所对应的入射光波长也是不同的。硅光电池在 $0.8 \mu m$ 附近，硒光电池在 $0.5 \mu m$ 附近。因此，使用光电池时对光源应有所选择。

第二，光照特性。光电池在不同光照度下，其光电流和光生电动势是不同的，它们之间的关系称为光照特性。短路电流在很大范围内与光照度成线性关系，而开路电压（负载电阻无穷大时）与光照度的关系是非线性的，在 2000lx 照度时趋于饱和，因此，光电池作为测量元件时，应把它作为电流源来使用，使其接近短路工作状态，以利用短路电流与光照度间线性关系的特点，不能做电压源。在应用光电池时，所用负载电阻大小应根据光照的具体情况来决定。

第三，频率特性。光电池的 PN 结面积大，极间电容大，因此频率特性较差。硅光电池有较好的频率特性和较高的频率响应，因此一般在高速计算器中采用。

第四，温度特性。光电池的温度特性用于描述光电池的开路电压和短路电流随温度变化的情况。温度特性将影响测量仪器的温漂和测量或控制的精度等。

温度对光电池的工作影响较大，当它作为测量元件时，最好保证温度恒定，或采取温度补偿措施。

（三）光电器件的应用

第一，吸收式。被测物置于光学通路中，光源的部分光通量由被测物吸收，剩余的透射到光电器件上。透射光的强度取决于被测物对光的吸收大小，而吸收的光通量与被测物的透明度有关，因此，常用来测量物体的透明度、浑浊度等。

第二，反射式。光源发出的光投射到被测物上，被测物把部分光通量反射到光电器件上。反射光通量取决于反射表面的性质、状态和与光源之间的距离。利用这个原理可制成表面粗糙度和位移测试仪等。

第三，遮光式。光源发出的光通量经被测物遮去其一部分，使作用在光电器件上的光通量发生改变，改变的程度与被测物在光学通路中的位置有关。利用这个原理可以制成测量位移的位移计等。

第四，辐射式。被测物本身就是光辐射源，发射的光通量直接射向光电器件，也可以经过一定的光路后作用到光电器件上。利用这种原理可制成光电比色高温计。

脉冲式光电传感器的作用方式是使光电器件的输出仅有两种稳定状态，即"通"和"断"的开关状态，所以也称为光电器件的开关运用状态。

二、光纤传感器

光导纤维简称光纤，最早应用于通信，随着光纤技术的发展，光纤传感器得到进一步的发展。光纤传感器具有良好的电绝缘性，可用于高压送电设备高电压下的电场和电流测量；光纤可进行极低损失的光传播，不受来自天线和电器设备等电磁性噪声的干扰，可成为远距离传感系统的传输通路；光纤以光为媒介，无电火花，又具有优良的电绝缘性，可用于化学药品处理或煤矿、石油及天然气储存等危险易燃、易爆的场合。与其他传感器相比，光纤传感器灵敏度高、响应速度快、动态范围大、防电磁干扰、超高电绝缘、防燃、防爆、体积小、材料资源丰富、成本低，可以制成任意形状的光纤传感器。

（一）光纤的结构和传输原理

1. 光纤的结构

光纤是采用石英玻璃和塑料等光折射率高的介质材料制成极细的纤维状结构。

光纤中心的圆柱体叫作纤芯，围绕着纤芯的圆形外层叫作包层。纤芯具有大折射率，一般直径为几微米至几百微米，材料主体为二氧化硅。为了提高纤芯的折射率，光纤一般都掺杂微量的其他材料（如二氧化锗等）。围绕纤芯的是有较小折射率的玻璃包层，包层可以是折射率稍有差异的多层，其总直径为 $100 \sim 200\mu m$。为了增强抗机械张力和防止腐蚀，在包层外面还常有一层保护套，多为尼龙材料。光纤的导光能力取决于纤芯和包层的性质，而光纤的机械强度由保护套维持。

2. 光纤的传输原理

信息在光纤中的传输是依靠光作为载体进行的。为了能使传输中的光随光纤本身弯曲并能远距离传输而减少衰减，就必须使进入光纤的光在纤芯和包层的界面上产生全内反射。光纤传输的基础是基于光的全内反射。

对于两个端面均为光滑平面的圆柱形光纤，当光纤的直径比光的波长大很多时，光线以与圆柱轴线成 θ 角的方向射入其中一个端面，根据光的折射定律，在光纤内折射（折射角为 θ'），然后再以 φ 角入射至纤芯与包层的界面。若要在界面上发生全反射，纤芯与界面的光线入射角 φ 应大于临界角 θ_c，并在光纤内部以同样的角度反复逐次反射，直至传播到另一端面。

为满足光在光纤内的全内反射，光入射到光纤端面的临界入射角 0，应满足：

$$n_1\sin\theta' = n_1\sin\left(\frac{\partial}{2} - \theta_c\right) = n_1\cos\theta_c = n_1\left(1 - \sin^2\varphi_c\right)^{\frac{1}{2}} = \left(n_1^2 - n_2^2\right)^{\frac{1}{2}} \tag{4-19}$$

所以

$$n_0\sin\theta_c = \left(n_1^2 - n_2^2\right)^{\frac{1}{2}} \tag{4-20}$$

实际工作时，需要光纤弯曲，但只要满足全反射条件，光线仍继续前进。

一般光纤所处环境为空气，则 $n_0 = 1$。要在界面上产生全反射，则在光纤端面上的光线入射角应满足：

$$\theta \leq \theta_c = \arcsin\left(n_1^2 - n_2^2\right)^{\frac{1}{2}} \tag{4-21}$$

即

$$\sin\theta_c = \left(n_1^2 - n_2^2\right)^{\frac{1}{2}} \tag{4-22}$$

由此可知，无论光源发射功率有多大，只有入射光处于 $2\theta_c$ 的光锥内，光纤才能导光，如入射角过大，经折射后不能满足要求，光线便从包层逸出而产生漏光。通常将 $\sin\theta_c$ 定义为光纤的数值孔径，用 NA 表示。显然，数值孔径反映纤芯接收光量的多少。一般希望有大的数值孔径，这有利于提高耦合效率，但数值孔径过大，会造成光信号畸变，所以要适当选择数值孔径的数值。数值孔径由光纤材料的折射率决定，而与光纤的几何尺寸无关。

（二）光纤传感器的组成与分类

1. 光纤传感器的组成

光纤传感器由光源、敏感元件（光纤或非光纤的）、光探测器、信号处理系统及光纤等组成。由光源发出的光通过源光纤引到敏感元件，被测参数作用于敏感元件，在光的调制区内，使光的某一性质受到被测量的调制，调制后的光信号经光纤耦合到光探测器，将光信号转换为电信号，最后经信号处理系统就可得到所需要的被测量。光源与光纤耦合时，总是希望在光纤的另一端得到尽可能大的光功率，它与光源的光强、波长及光源发光面积等有关，也与光纤的粗细、数值孔径有关。

2. 光纤传感器的分类

光纤传感器的类型较多，大致可以分为功能性和非功能型两大类。

功能型光纤传感器又称全光纤型传感器，光纤在其中不仅是导光媒介，也是敏感元件，光在光纤内受被测量调制。这种类型的传感器结构紧凑、灵敏度高，但是，需要特殊的光纤和先进的检测技术，因此成本高。它典型的例子如光纤陀螺、光纤水听器等。

非功能型光纤传感器又称传光型传感器，光纤在结构中仅仅起导光作用，光照在光敏元件上受被测量调制。此类光纤传感器无需特殊光纤和特殊处理技术，比较容易实现，成本低，但是灵敏度也较低，适用于对灵敏度要求不高的场合，是目前使用较多的光纤传感器。

(三) 光纤传感器的应用

1. 光纤温度传感器

(1) 辐射温度计。辐射温度计是利用非接触方式检测来自被测物体的热辐射方法，若采用光导纤维将热辐射引导到传感器中，可实现远距离测量；利用多束光纤可对物体上多点的温度及其分布进行测量；可在真空、放射线、爆炸性和有毒气体等特殊环境下进行测量。

(2) 光强调制型光纤传感器。光强调制型光纤传感器利用了多数半导体材料的能量带隙随温度的升高几乎线性减小的特性。

2. 光纤压力传感器

光纤压力传感器主要有强度调制型、相位调制型和偏振调制型三类。强度调制型光纤压力传感器大多是基于弹性元件受压变形，将压力信号转换成为位移信号进行测量，因此常用于位移的检测；相位调制型光纤压力传感器利用光纤本身作为敏感元件；偏振调制型光纤压力传感器主要是利用晶体的光弹性效应。

(1) 采用弹性元件的光纤压力传感器。此类型的光纤压力传感器都是利用弹性体的受压形变，将压力信号转换成位移信号，从而对光强进行调制的。这种光纤压力传感器的结构简单、体积小、使用方便，但光源不稳或长期使用后会导致反射率下降，影响测量精度，可以特殊结构的光纤束改善膜片反射式光纤压力传感器的性能。

(2) 光弹性式光纤压力传感器。晶体在受压后，其折射率发生变化，从而呈现双折射的现象称为光弹性效应。利用此效应可以构造光弹性式光纤压力传感器。

（3）微弯式光纤压力传感器。微弯式光纤压力传感器式基于光纤的微弯效应，即由压力引起变形器产生位移，使光纤弯曲而调制光的强度。

3. 光纤图像传感器

图像光纤是由数目众多的光纤组成一个图像单元（或像素单元），典型数目为0.3万~10万股，每一股光纤的直径约为10μm。在光纤的两端，所有的光纤都是按同一规律整齐排列的。投影在光纤束一端的图像被分解成许多像素，然后，图像是作为一组强度与颜色不同的光点传送，并在另一端重建原图像。

工业用内窥镜用于检查系统的内部结构，它采用光纤图像传感器，将探头放入系统内部，通过光束的传输在系统外部可以观察监视。光源发出的光通过传光束照射到被测物体上，通过物镜和传像束把内部图像传送出来，以便观察、照相，或通过传像束送入 CCD 器件，将图像信号转换成电信号，送入微机进行处理，可在屏幕上显示和打印观测结果。

三、红外传感器

随着科学技术的发展，红外传感技术正在向各个领域渗透，特别是在测量、家用电器、安全保卫等方面得到了广泛的应用。近年来，性能优良的红外光电器件大量出现。以大规模集成电路为代表的微电子技术的发展，使红外线的发射、接收及控制的可靠性得以提高，从而促进了红外传感器的迅速发展。

（一）红外传感器的工作原理

红外线是一种不可见光，波长为 0.75~100μm，是介于可见光和微波之间的电磁波，和电磁波一样，以波的形式在空间传播。

红外辐射的物理本质是热辐射，温度越高，辐射红外线越多，辐射能量越强。辐射源根据其几何尺寸、距离远近可视为点源或面源，红外辐射源的基准是黑体炉。

工程上把红外线占据的电磁波谱中的位置分为近红外、中红外、远红外和极远红外四个波段。由于红外波长比无线电波波长长，因此红外仪器的空间分辨力比雷达的高。另外，红外波长比可见光的波长长，因此红外线透过阴霾的能力比可见光的强。

（二）红外辐射传感器的分类

红外辐射传感器是将红外辐射能量的变化转换为电量变化的一种传感器，也常称红外探测器。按照探测机理不同，红外辐射传感器可以分为热传感器（热电型）和光子传感器

（量子型）两大类。

红外热传感器的工作是利用辐射热效应。热探测器在吸收红外能量后，产生温度变化，再由接触型测温元件测量温度变量，从而输出电信号。温度变化引起的电效应与材料特性有关，而且热探测器的响应频段宽，响应范围可以扩展到整个红外区域。

通常红外热传感器吸收红外辐射后温度升高，可以使探测材料产生温差电动势、电阻率变化、自发极化强度变化等，而这种变化与吸收的红外辐射能量成一定的关系，测量出这些物理量的变化就可以测定被吸收的红外辐射能的大小，从而得到被测非电量的值。

热电偶传感器、热敏电阻传感器和热释电传感器都属于红外热传感器或热探测器。对于热释电探测器的敏感元件的尺寸，应尽量减小体积，可以减小灵敏面（提高电压响应率）或减小厚度（提高电流响应率），从而减小热容，提高探测率。

红外光子传感器的工作原理是基于光电效应，通过改变电子能量状态引起电学现象。常用的光子效应有光电效应、光生伏特效应、光电磁效应和光电导效应。红外光子传感器的主要特点是灵敏度高、响应速度快、响应频率高，但需要在低温下才能工作，故需要配备液氮等制冷设备。

（三）红外辐射传感器的应用

目前，红外辐射传感器普遍应用于红外测温、红外遥测、红外摄像机、夜视镜等，红外摄像管成像、电荷耦合器件（CCD）成像是目前较为成熟的红外成像技术。另外，工业上的红外无损检测是通过测量热流或热量来检测、鉴定金属或非金属材料的质量和内部缺陷的。红外监控报警器、自动门、自动水龙头等是日常生活中常见的红外传感器的应用实例。

1. 红外测温

利用红外辐射测温的测量过程不影响被测目标的温度分布，可用于对远距离、带电及其他不能直接接触的物体进行温度测量。其测量响应速度快，适宜对高速运动的物体进行测量，不仅灵敏度高，能分辨微小的温度变化，而且测温范围宽。

比色温度计是通过测量热辐射体在两个以上波长的光谱辐射亮度之比来测量温度的，是一种不需要修正读数的红外测温计。

比色温度计的结构分为单通道和双通道两种。单通道又可分为单光路和多光路两种，双通道又有带光调制和不带光调制之分。所谓单通道和双通道，是针对在比色温度计中使用探测器的个数。单通道是只用一只探测器接收两种波长光束的能量，双通道是用两只探测器分别接收两种波长光束的能量。所谓单光路和双光路，是针对光束在进行调制前或调制后是否由一束光分成两束进行分光处理。没有分光的称为单光路，分光的称为双光路。

2. 被动式人体移动检测仪

在自然界，任何高于绝对零度（-273℃）的物体都将产生红外光谱，不同温度的物体，其释放的红外能量的波长是不一样的，因此红外波长与温度的高低是相关的。

被动式人体移动检测仪的工作原理是：当有人进入传感器监测范围时，传感器监测范围内温度有△T的变化，热释电效应导致在两个电极上产生电荷△Q，即在两电极之间产生一微弱的电压△V。由于它的输出阻抗极高，在传感器中有一个场效应管进行阻抗变换。由于热释电效应所产生的电荷△Q会被空气中的离子所结合而消失，当环境温度稳定不变时，△T=0，则传感器无输出。当人体进入检测区，通过菲涅尔透镜，热释电红外传感器就能感应到人体温度与背景温度的差异信号△T，则有相应的输出；若人体进入检测区后不动，则温度没有变化，传感器也就没有输出。因此，被动式人体移动检测仪的红外探测的基本概念就是感应移动物体与背景物体的温度的差异。

四、光电传感器的应用

光电式传感器属于形态比较小的电子设备，用于测试它收到的光的强度变化。很早时候的光电传感器是一种形态很小的金属材质的圆柱形设备，发射器上有一个校准镜头，它把光聚合投射到接收器上，接收器输出电缆和真空管放大器连接到一起。在金属圆筒中设置一个小的白炽灯，它就是光源。早期的光电式传感器就是这些形态小巧但极其牢固的白炽灯传感器。

（一）光电式浊度计

在进行浊度检测时，光电式传感器一般使用透射式的测试方法。透射式光电式传感器是把发光管和光敏三极管等，以相对的方向安装在中间有槽的支架上。

如果槽内无东西，发光管放射的光径直照在光敏三极管的窗口上，于是形成了输出电流，如果槽内有东西，正好阻挡光线，光敏三极管就不会形成电流，由此就可以辨别槽内有没有东西。根据这一原理，可以用于光电调控、光电计算和度量等电路中。

若要对烟尘中给人体带来最大危险的亚微米颗粒浊度，以及在水蒸气与二氧化碳减少条件下对光源衰减所带来的影响进行测试，在光源的选取上须选择波长在400～700nm的白炽光，即可见光。至于光检测器光谱的响应限度在400～600nm的光电管，随着浊度的变化，亦能够获得相应的电信号。

除能够检测烟雾的浊度外，光电式浊度计亦能够在溶液的浑浊度、成分及颜色等方面进行化学分析。

第一，光源放射出的光线穿透半透镜分成两道相等强度的光线：一道光线径直抵达光电池作为被测水样的浊度的比较信号；另外一道穿透过被测样品水抵达光电池，样品介质吸取了其中的部分光线，样品水越污浊，光线减弱的数量就越大，抵达光电池的光通量就越小。

第二，两个信号都转变成电压信号 U_1 和 U_2，采用除法运算电路计算出 U_1、U_2 的比值，这个比值可以经过 A/D 转换，然后用微处理器对其进一步处理可获得被测水样的浊度。

第三，系统监测的效果经显示器显示出来。

（二）光电式带材跑偏检测器

光电式带材跑偏检测器的主要功能是测验带材加工进程中出现位置偏差的状况。如果带材的方位与正确的位置产生跑偏，边缘的位置常常与传送机械出现撞击，容易产生卷边，形成废品。

光源放射的光线经过一面透镜完成向平行光束的转变，然后向另一面透镜射去，再于光敏电阻上聚集。平行光束抵达另一面透镜的这一过程中，被测带材会阻挡一部分的光线，缩减到达光敏电阻时光通量的大小。

第三节　视觉传感技术及应用

一、汽车车身视觉检测系统

在汽车车身制造过程中，分总成或总成上许多关键点（工艺质量控制点）的三维坐标尺寸需要检测，传统的坐标测量机（CMM）检测方法只能实现离线定期抽样检测，效率低，不能满足现代汽车制造在线检测需求。视觉测量技术很好地解决了这个问题。

二、钢管直线度、截面尺寸在线视觉测量系统

无缝钢管是一类重要的工业产品，在无缝钢管质量参数中，钢管直线度及截面尺寸是主要的几何参数，是控制无缝钢管制造质量的关键。视觉测量技术的非接触、测量范围大的特点非常适合于无缝钢管直线度及截面尺寸的测量。

系统中每一个传感器实现一个截面上部分圆弧的测量，通过适当的数学方法，由圆弧拟合得到截面尺寸和截面圆心的空间位置，由截面圆心分布的空间包络，得到直线度参数。测量系统在计算机的控制下，可在数秒内完成测量，满足实时性要求。

三、三维形貌视觉测量

三维形貌数字化测量技术是逆向工程和产品数字化设计、管理及制造的基础支撑技术。将视觉非接触、快速测量和最新的高分辨力数字成像技术相结合，是当前实现三维形貌数字化测量的最有效手段。三维形貌测量通常分为局部三维形貌信息获取（测量）和整体拼接两部分，先通过视觉扫描传感器（测头），对被测形貌的各个局部区域进行测量，再采用整体拼接技术，对局部形貌拼接，得到完整形貌。

视觉扫描测头采用基于双目立体视觉测量原理设计，运用激光扫描实现被测特征的光学标记，兼有立体视觉和主动结构光法两者的优点，分辨力约为 0.01mm，测量精度在 300mm×200mm 的范围内优于 0.1mm，足以满足大部分的工业产品检测要求。

形貌整体拼接的实质就是将分块局部形貌测量数据统一到公共坐标系下，完成对被测形貌的整体描述。为控制整体精度，避免误差累积，采用全局控制点（分为编码控制点和非编码控制点两种）拼接方法。在测量空间内设置全局控制点，采用高分辨率数码相机从空间不同位置，以不同姿态对全局控制点成像，运用光束定向交汇平差原理，得到控制点的空间坐标并建立全局坐标系。借助全局控制点将扫描测头在每一个测量位置对应的局部测量坐标系和全局坐标系关联，由此实现局部形貌测量数据到全局（公共）坐标系的转换，完成数据拼接。

四、光学数码三维坐标测量

制造领域内三维坐标的精密测量主要由坐标测量机（CMM）完成，CMM 是一种通用、标准的精密测量设备，是保证制造精度，控制产品质量的必备测量手段。传统的 CMM 测量是通过导轨机械运动实现的，测量机的主体是三个相互正交的精密导轨，其特点是测量精度高、功能强、通用性好，但因为存在机械运动，使得结构复杂、造价高、测量效率低，尤其是对工作环境有很高要求，一般只能安置在专用的测量工作间内使用，不能工作于制造现场环境中。光学数码柔性坐标测量是一种先进的基于视觉测量原理的现场坐标精密测量技术，它采用先进高精度的数码成像器件作为角度传感器，两台传感器构成空间三角交汇测量配置（立体视觉配置），在发光二极管（LED）光学测量靶标的配合下，组成工作范围大、通用的空间坐标测量系统。已经研制的基于高分辨率数字成像的光学数码三维坐标测量系统，采用 LED 光学控制点技术结合高精度处理算法，可以稳定地实现约 0.01 像素的图像细分精度，并且采用残差修正方法将成像精度提高到 0.02~0.03 像素，使得测量精度达到 10×10^{-6} 水平。

第四节　生物识别与生物传感技术

生物传感技术是一种将生物学与传感器技术相结合的学科领域。它利用生物分子、生物体或生物系统的特性，将其作为感知元件或传感器的重要组成部分，用于检测、识别和测量特定的生物分子、生物过程或生物事件。

生物传感技术的核心原理是利用生物分子与目标分子之间的特异性相互作用，例如，酶的底物与底物特异性酶的相互作用，抗体与特定抗原的结合，等等。通过这些相互作用，生物传感器可以产生可测量的信号，用于指示目标分子的存在、浓度或活性水平。

生物传感技术在多个领域具有广泛的应用，包括医学诊断、环境监测、食品安全、生物工程等。在医学诊断中，生物传感技术可以用于检测和监测生物标志物，例如，血液中的蛋白质、核酸或代谢产物，用于疾病的早期诊断和治疗监测。在环境监测方面，生物传感技术可以用于检测水质、空气质量和土壤污染等环境参数，用于环境保护和资源管理。在食品安全领域，生物传感技术可以用于快速检测食品中的有害物质或微生物污染，以确保食品的质量和安全性。

生物传感技术的发展还涉及纳米技术、生物材料、微流控技术等领域的交叉与融合。通过纳米材料的应用，可以提高传感器的灵敏度和选择性，增强信号的检测和转换能力。微流控技术的应用可以实现小样本分析、高通量分析和实时监测等功能。

一、生物传感器的工作原理

以生物活性物质为敏感材料做成的传感器叫生物传感器。它以生物分子去识别被测目标，然后将生物分子所发生的物理或化学变化转化为相应的电信号，予以放大输出，从而得到检测结果。生物体内存在彼此间有特殊亲和力的物质对，如酶与底物、抗原与抗体、激素与受体等，若将这些物质对的一方用固定化技术固定在载体膜上作为分子识别元件（敏感元件），则能有选择性地检测另一方。

生物传感器的选择性与分子识别元件有关，取决于与载体相结合的生物活性物质。为了提高生物传感器的灵敏度，可利用化学放大功能。所谓化学放大功能，就是使一种物质通过催化、循环或倍增的机理同一种试剂作用产生出相对大量的产物。传感器的信号转换能力取决于所采用的转换器。根据器件信号转换的方式可分为五类：一是直接产生电信号；二是化学变化转换为电信号；三是热变化转换为电信号；四是光变化转换为电信号；五是界面光学参数变化转换为电信号。

二、生物传感器仪器技术及其应用

（一）酶传感器

酶传感器是生物传感器领域中研究最多的一种类型。酶传感器是将酶作为生物敏感基元，通过各种物理、化学信号转换器捕捉目标物与敏感基元之间的反应所产生的与目标物浓度成比例关系的可测信号，实现对目标物定量测定的分析仪器。与传统分析方法相比，酶传感器是由固定化的生物敏感膜和与之密切结合的换能系统组成，它把固化酶和电化学传感器结合在一起，因而具有独特的优点：首先，既有不溶性酶体系的优点，又具有电化学电极的高灵敏度；其次，由于酶的专属反应性，使其具有高的选择性，能够直接在复杂试样中进行测定。

1. 酶传感器的基本结构

酶传感器的基本结构单元是由物质识别元件和信号转换器组成。当酶膜上发生酶促反应时，产生的电活性物质由基体电极对其响应。基体电极的作用是使化学信号转变为电信号，从而加以检测，基体电极可采用碳质电极、Pt电极及相应的修饰电极。

2. 酶传感器的工作原理

当酶电极浸入被测溶液，待测底物进入酶层的内部并参与反应，大部分酶反应都会产生或消耗一种可被电极测定的物质，当反应达到稳态时，电活性物质的浓度可以通过电位或电流模式进行测定。因此，酶传感器可分为电位型和电流型两类传感器。电位型传感器是指酶电极与参比电极间输出的电位信号，它与被测物质之间服从能斯特关系。而电流型传感器是以酶促反应所引起的物质量的变化转变成电流信号输出，输出电流大小直接与底物浓度有关。电流型传感器与电位型传感器相比较具有更简单、直观的效果。

3. 酶传感器的固定方法

酶的固定是相当重要的一个环节。合适的固定化方法应当满足：①酶固定化后活性应尽可能少受影响，保证传感器的高灵敏度和高选择性；②固定化方法对被测对象的传质阻力小，保证传感器的快速响应；③酶固定化牢固，不易洗脱，保证传感器有较长的使用寿命。

酶固定化方法有多种，大致可分为以下四类：

（1）吸附法。将酶通过静电引力、范德华力、氢键等作用力固定在电极表面，过程简单，但稳定性差。

（2）包埋法。在温和的条件下形成聚合物的同时，将酶包埋在高聚物的微小格子中，或用物理方法将其包埋在凝胶中的方法。

（3）共价结合法。共价结合法是酶蛋白分子上的官能团和固相支持物表面上的反应基团之间形成化学共价键连接，从而使酶固定的方法。

（4）交联法。将传感器表面预先组装上一层具有特定基团的载体膜，再通过1-乙基-3-碳化二亚胺、N-羟基琥珀酰亚胺或戊二醛等偶联活化剂分别以羧基氨基键形式或席夫碱形式等将酶键合到电极表面。

这些方法通常会联合使用，或互相改进，以获得最佳的性能。

4. 酶传感器的应用技术

（1）纳米技术固定化酶时引入纳米颗粒能够增加酶的催化活性，提高电极的响应电流值。孟宪伟等首次研究了二氧化硅和金或铂组成的复合纳米颗粒对葡萄糖生物传感器电流响应的影响，其效果明显优于这三种纳米颗粒单独使用时对葡萄糖生物传感器的增强作用，复合纳米颗粒可以显著增强传感器的电流响应。

（2）基因重组技术周亚凤等将黑曲霉GOD基因重组进大肠杆菌、酵母穿梭质粒，转化甲基营养酵母，构建出GOD的高产酵母工程菌株。重组酵母GOD比活力达426.63u/mg蛋白，是商品黑曲霉GOD的1.6倍，催化效率更高。重组酵母GOD的高活力特性可有效提高葡萄糖传感器的线性检测范围。

（3）提高传感器综合性能的其他技术提高固定化酶活力的根本方法是保持酶的空间构象不发生改变。如唐芳琼等考察了磺基琥珀酸双2-乙基己基酯钠盐（AOT）反胶束包埋酶对GOD构象和催化活性的影响。结果发现随GOD/AOT比值的减小，响应电流大大增加，这意味着大大增加了酶的催化活性和酶构象的稳定性。

（二）微生物传感器

1. 电化学微生物传感器

电化学微生物传感器主要分为电流型微生物传感器和电位型微生物传感器。

电流型微生物传感器是指工作中，微生物敏感膜与待测物质发生反应后，通过检测某种物质的含量变化，最终输出为电流信号的传感器。电流型传感器常用的信号转换器件有氧电极、燃料电池型电极以及过氧化氢电极等，最常用的是氧电极。大多数的微生物传感器是利用微生物体内的酶进行反应，而这些酶中有不少特别是各种氧化酶在催化底物反应时要用溶解氧作为辅助试剂，从而可以用氧电极测定反应中消耗的氧量。具体的传感器有甲烷微生物传感器、细菌总数传感器、硝酸盐微生物传感器和致癌微生物传感器等。

电位型微生物传感器是指工作时，通过信号转换器件转换后输出信号为电位的微生物传感器。电位型传感器的电位值与被测粒子活度之间的关系符合能斯特方程。如用谷氨酸棒状杆菌为酶源制备的尿素传感器，就是将培养好的湿菌体放在玻璃片上，加海藻酸钠溶液，调制成糨糊状并铺成薄层，放入氯化钙溶液中固化成膜，用两片透析膜夹住固化好的膜紧贴于氨电极表面，根据电极电位响应便可对尿素含量进行测定。

2. 压电高频阻抗型微生物传感器

压电高频阻抗型微生物传感器是基于高频压电晶体频率对溶液介质性质变化具有灵敏的响应特性制成的。微生物在生长过程中与外界溶液进行物质能量的交换，改变培养液的化学成分，使得培养液的阻抗发生变化，导致培养液的电导率和介电常数改变。例如，姚守拙等采用单脱开电极或串联电极压电传感器监测微生物的生长。当培养的微生物的数量超过某一阈值时晶体振荡频率产生突跃。从接种微生物开始到压电传感器检测出突变，即到培养液性质参数出现突变被检测出所需要的时间称为频率测出时间（FDT）。在微生物增代时间固定时，FDT 与待测微生物数量之间有线性关系，所以，可以通过测定 FDT 来测定微生物含量。

3. 燃料电池型微生物传感器

微生物传感器在发展初期，其应用一直被限定于间接的方式，即微生物作为生物催化剂起到一个敏感"元件"的作用，再与信号转换器（ph 电极或氧电极等）相结合，成为完整的微生物传感器。而燃料电池型微生物传感器能直接给出电信号。微生物在呼吸代谢过程中可产生电子，直接在阳极上放电，产生电信号。但是微生物在电极上放电的能力很弱，往往需要加入电子传递的媒介物——介体，起到增大电流的作用。

微生物可作为燃料电池中的生物催化剂，它在对有机物发生同化作用的同时，呼吸代谢作用增强并产生电子，通过介体放大电流。作为介体的氧化-还原电对试剂可以把微生物的呼吸过程直接有效地同电极联系起来。电化学氧化过程产生的流动电子，用电流或其他方法进行测量，在适当条件下此信号即成为检测底物的依据。基于这一原理，已研制出多种燃料电池型微生物传感器。

燃料电池型微生物传感器是生物传感器新技术，这种新技术响应时间较短，其敏感机理是信号的传递，即电与微生物分解代谢的早期步骤相联系，这就避免在间接法中对分析物响应过程微生物要达到传代稳定状态的需要。

4. 其他类型的微生物传感器

（1）光微生物传感器。其原理是利用具有光合作用的微生物在光照作用下将待测物转变成电极敏感物质或者利用微生物本身释放氧的性质，将微生物固化后结合氧电极、氢电极实现对某种物质的测定。

（2）酶-微生物混合性传感器。为了使敏感膜的性能更加完善，可以使用由酶和微生物混合构成的敏感材料。

（3）利用细胞表层物质的传感器。此类传感器是根据细胞表层上的糖原、膜结合蛋白等物质对抗体、离子、糖等的选择性识别作用，将其与细胞的电极反应相结合，研制出新型的传感器，诸如变异反应传感器、识别革兰阴性菌和革兰阳性菌的传感器等。

第五节　智能传感器及技术发展

一、智能传感器概述

智能传感器的概念最初是美国宇航局（NASA）在开发宇宙飞船的过程中形成的。为保证整个太空飞行过程的安全，要求传感器的精度高、响应快、稳定性好，同时具有一定的数据存储和处理能力，能够实现自诊断、自校准、自补偿及远程通信等功能，而传统传感器在功能、性能和工作容量方面显然不能满足这样的要求，于是智能传感器便应运而生。

对智能传感器，目前尚无统一确切的定义。早期，人们简单地认为智能传感器是将传感器与微处理器组装在同一块芯片上的装置。随着智能传感技术的发展，基于其构成特点和功能特征，人们普遍认为，智能传感器是将一个或多个敏感元件和信号处理器集成在同一块硅或砷化锌芯片上的装置，一种带微处理机并具有检测、判断、信息处理、信息记忆、逻辑思维等功能的传感器。所以，智能传感器是引入了微处理器并扩展了传感器功能，使之具备人的某些智能的、有信息处理功能的新概念传感器。

（一）智能传感器的结构

智能传感器主要由传感器、微处理器（或微计算机）及相关电路组成，传感器将被测量转换成相应的电信号，送到信号调理电路中，经过滤波、放大、模-数转换后送到微处理器。微处理器对接收的信号进行计算、存储、数据分析和处理后，一方面通过反馈回路对传感器与信号调理电路进行调节以实现对测量过程的调节和控制；另一方面将处理后的结果传送到输出接口，经过接口电路的处理后按照输出格式和界面订制输出数字化的测量结果。智能传感器中微处理器是智能化的核心，图中的软件部分的运算及其相关的调节与控制只有通过它才能实现。

智能传感器的实现结构形式既可以是分离式的，也可以是集成式的。按实现结构形式的不同，智能传感器可以分为模块式、混合式和集成式三种形式。模块式智能传感器为初级的智能传感器，它由许多相互独立的模块组成（如将微计算机、信号调理电路模块、输出电路模块、显示电路模块和传感器装配在同一壳体内）。由于集成度不高而导致体积较大，但在目前的技术水平下，仍不失为一种实用的结构形式。混合式智能传感器将传感器、微处理器和信号处理电路做在不同的芯片上，是目前智能传感器采用较多的结构形式。集成式智能传感器将一个或多个敏感器件与微处理器、信号处理电路集成在同一硅片上，集成度高、体积小是智能传感器发展的方向。

（二）智能传感器的基本功能

第一，逻辑判断、统计处理智能传感器能够对检测数据进行分析、统计和修正，能进行非线性、温度、噪声、响应时间、交叉感应及缓慢漂移等误差补偿，还能根据工作情况调整系统状态，使系统工作在低功耗状态和传送效率优化的状态。

第二，自检、自诊断和自校准这是智能传感器的标志之一，智能传感器可以通过对环境的判断和自诊断进行零位和增益等参数的调整。可以借助其内部检测线路对异常现象或故障进行诊断。操作者输入零值或某一标准值后，自校准程序可以自动地进行在线校准。

第三，软件组态（复合敏感）智能传感器设置多种模块化的硬件和软件，用户可以通过操作指令，改变智能传感器的硬件模块和软件模块的组合形式，以达到不同的应用目的，完成不同的功能，实现多传感、多参数的复合测量。

第四，双向通信和标准化数字输出智能化传感器具有数字标准化数据通信接口，能与计算机或接口总线相连，相互交换信息。这是智能传感器的又一标志。

第五，人机对话智能传感器与仪表等组合在一起，配备各种显示装置和输入键盘，使系统具有灵活的人机对话功能。

第六，信息存储与记忆可以存储各种信息，如装载历史信息、校正数据、测量参数、状态参数等。对检测数据的随时存取，大大加快了信息的处理速度。

根据应用场合的不同，目前推出的智能传感器选择具有上述全部功能或一部分功能。智能传感器具有高的准确性、灵活性和可靠性，同时采用廉价的集成电路工艺和芯片，以及强大的软件来实现，具有高的性能价格比。

二、智能传感器技术新发展

随着微机械电子、人工智能、计算机技术的快速发展，智能传感器的"智能"含义不断深化，许多智能传感新模式陆续出现。下面介绍近年来智能传感器中两个研究热点——嵌入式智能传感器和阵列式智能传感器。

（一）嵌入式智能传感器

嵌入式智能传感器一般是指应用了嵌入式系统技术、智能理论和传感器技术，具备网络传输功能，并且集成了多样化外围功能的新型传感器系统。经典智能传感器一般是使用单片机再加上控制规则进行工作的，较少涉及智能理论（人工智能技术、神经网络技术和模糊技术等）。因此，基于嵌入式系统来应用智能理论的嵌入式智能传感器，具有更高智能化程度。

一个完整的嵌入式智能传感器由多传感器系统、嵌入式系统两大部分组成。其中嵌入式系统由智能模块、人机交互模块、网络接口模块等组成。智能模块通常由集成在嵌入式系统中的知识库、推理引擎、知识获取程序和综合数据库四部分组成。知识库用于存放嵌入式智能传感器运行过程中所需要的专家知识、经验及传感器的基本参数，知识库里的知识是推理引擎发出命令的根据；综合数据模型用于存储原始数据、常用数据和各种参量；推理引擎根据传感器及综合数据中的数据，利用知识库中的知识进行思维、判断、推理，并修改嵌入式智能传感器的各种参数；知识获取指从数据集合中自动抽取隐藏在数据中的那些有用信息的非平凡过程，这些信息的表现形式为规则、概念、规律及模式等，它可帮助分析历史数据及当前数据，并从中发现隐藏的关系和模式，进而预测未来可能发生的行为。

嵌入式系统采用嵌入式操作系统来实现人机交互模块、网络接口模块的灵活操作。操作系统（如 WindowsCE、Linux、μC/OS-I、VxWorks 等）具有多任务调度能力、完备的层次化、模块化体系和良好的实时性能。嵌入式软件开发采用 C 语言等高级语言来进行，辅以 Windows CE Platform、Qt/E 等专用的嵌入式 IDE 环境，既提高软件性能，又缩短开发周期。

（二）阵列式智能传感器

客观世界中的许多复杂过程，需要能够处理来自多个信号源的信号传感器系统，这推动了阵列式智能传感模式的出现。阵列式智能传感器即为将多个传感器排布成若干行列的阵列结构，并行提取检测对象相关特征信息并进行处理的新型传感器系统。阵列中的每个传感器都能测量来自空间不同位置的输入信号并能提供给使用者以空间信息。

阵列式智能传感器由三个层次组成：第一层次为传感器组的阵列实现集成，称为多传感器阵列；第二层次是将多传感器阵列和预处理模块阵列集成在一起，称为多传感器集成阵列；第三层次是将多传感器阵列、预处理模块阵列和处理器全部集成在一起时，称为阵列式智能传感器。

阵列式智能传感器的功能是由其中各个传感器的类型和特性决定的。机械阵列传感器是一种被广泛应用的阵列式智能传感器。如精密装配过程中普遍应用机器人夹钳搬运元件，其中触觉传感器阵列帮助机器人夹钳感知被夹物的重量、形状和质地等多种信息，使机器人能灵巧地夹起形状各异、质地脆弱的物体。又如采用硅微机械加工方法制备的有源微反射镜，实际上是一个机械阵列式智能传感器。

第五章　计算机软件的基础理论

第一节　计算机软件技术的相关概念

一、计算机软件的定义

计算机系统是由硬件和软件构成的，硬件是基础，软件是灵魂。计算机软件不仅仅指程序，还包括保证程序正确运行的数据和文档。其中，程序是让计算机完成计算任务并且计算机可以接受的一系列操作指令的集合。数据是程序要处理的对象和结果，主要指使程序能正常操纵信息的数据结构。计算机直接处理的数据结构只有简单的整数、浮点数、字符、布尔值等，人们可以根据需要在这些基本数据结构的基础上定义复杂的数据结构。文档是以图、表、文字等方式描述和记录程序设计、开发、运行、维护等各阶段成果、方法的材料，如需求说明书、设计说明书、流程图、用户手册等。文档不仅是软件开发管理者与用户之间的合同书，也是设计者向软件开发人员下达的任务书，是维护人员的技术指导手册，还是用户的操作手册。

此外，在知识产权保护日益被重视的今天，软件许可协议也成了软件的一部分。

二、计算机软件的功能

为方便用户使用计算机，人们就想到用软件来改造硬件，使计算机易于掌握使用。

首先，软件专家设计并实现了计算机语言，这是接近人类自然语言的一种语言，它可以通过一种特定的软件将计算机语言翻译成硬件中的指令，这种软件称为语言处理系统。有了它，用户就不必用指令编程而可直接用计算机语言编程，这样就大大方便了计算机的使用。

其次，计算机专家设计并实现了多种数据结构，它将二进制数转换成十进制数（整数与实数）及西文、中文的转换。此外，还可以组成图形，图像、声音等多媒体数据，以及知识表示中的数据，这些都可用一定的数据结构表示。有了它，用户就可以直接使用自己所熟悉的计算对象了。可以进一步将数据结构组织成数据模式，使多个用户能共享使用数据，这种扩充的数据结构称为数据库，而使用、管理数据库的软件称为数据库管理系统。

最后，计算机软件在硬件之上运行，在运行过程中须统一协调软硬件关系，这可用一种软件实现，称为操作系统。有了操作系统、语言处理系统及数据库管理系统三种软件后，可以对硬件进行本质的改变，极大地改善了用户使用计算机的环境，从而促进了计算机的应用与发展，通常称这三种软件为系统软件。

计算机硬件与系统软件的捆绑组成了一种具有全新功能的计算机，这是计算机硬件功能的第一次扩充。此后，在系统软件的基础上又出现了工具软件、接口软件及中间件等多种软件，它们为用户使用计算机提供了更为有效的支撑作用，因此，此类软件称为支撑软件。计算机硬件+系统软件+支撑软件组成了计算机功能的又一次扩充，即第二次扩充。

在第二次扩充的基础上再加上直接为用户应用服务的软件（即应用软件）组成了计算机功能的第三次扩充。这三次扩充包括系统软件、支撑软件与应用软件三个部分，构成了计算机硬件之上的软件整体，有了硬件与软件后，用户使用计算机就有了全新改变，用户可以方便地开发计算机并且直接应用计算机。因此，计算机硬件与计算机软件组成了一个新的系统，称为计算机系统，这个系统为用户提供了新的功能与使用环境。

第二节　计算机软件算法理论与数据基础

一、计算机软件算法理论

（一）算法的基本概念

第一，在客观世界中有很多问题需要人们解决，将那些具有相同本质但不同表现形式的问题捆绑在一起进行处理，称为一类问题。一般来说，在算法中所处理的对象是问题，所处理的基本单位是以类为基础的一类问题。

第二，在一类问题的求解中需要考虑一些问题。一是解的存在性：首先需要考虑的是一类问题是否有解。在大千世界中，很多问题是没有解的，这些问题不属于人们考虑之列，人们只考虑有解存在的那些问题。二是解的描述：对有解存在的问题给出它们的解。解的描述方法是有多种的。三是算法解：是用一组有序计算过程或步骤表示的求解方法。

四是计算机算法：算法这种概念自古有之，如数论中的辗转相除法，孙子定理中的求解方法等。但自计算机问世以后，算法的重要性大大提高，因为在计算机中问题的求解方法均要使用算法，一类问题只有给出算法后计算机才能（按算法）执行，这种指导计算机执行的算法称为计算机算法。在本书的后面凡出现算法一词均可理解为计算机算法。

第三，算法的正确性。一个算法对每个输入都能输出符合要求的结果后最终停止，则称它是正确的，而如果所给出的输出结果不符合预期要求或算法不会停止，则称算法是不正确的。

第四，算法的设计与分析。一类问题的算法解可以有多个，它们之间有"好/坏"之分。一般来说，一个好的算法所执行的时间快，所占存储容量小。因此，对每个算法进行时间的效率分析又称时间复杂度分析。同时还需要进行空间效率分析，也称空间复杂度分析，它们统称为算法分析。

为获得一个好的算法，须对它做设计，目前，有一些常用的成熟设计方案可供参考，同时还有一些成熟的设计思想可供使用。但真正的设计方案还需要使用者根据具体情况确定。

（二）算法的特征和要素

1. 算法的特征

（1）能行性。算法的能行性表示算法中的所有计算都是可以实现的。

（2）确定性。算法的确定性表示算法的每个步骤都必须是明确的定义与严格的规定，不允许出现有二义性、多义性等模棱两可的解释。

（3）有穷性。算法的有穷性表示算法必须在有限个步骤内执行完毕。

（4）输入。每个算法可以有 $0 \sim n$ 个数据作为其输入。

（5）输出。每个算法必须有 $1 \sim n$ 个数据作为其输出，没有输出的算法相当于"什么都没有做"。

这五个特性确定了算法作为一类问题求解的一种方式。

2. 算法的要素

算法是研究计算过程的学科，构成算法的基本要素有两个，分别是"计算"与"过程"。

在算法中有若干个计算单位，称为操作、指令或运算，它们构成了算法的第一个基本要素，而算法必须有一些控制单元以控制计算的"过程"，即计算的流程控制，它们构成了算法的第二个基本要素。

在算法中，以操作为单位进行计算，而计算的过程则由控制单元控制，这两个基本要素不断作用构成了算法的一个完整执行过程。

（1）算法的操作或运算

第一，算术运算：主要包括加、减、乘、除四则运算，以及指数、对数、乘方、开方、乘幂、方幂等其他运算。

第二，逻辑运算：主要包括逻辑的"与""或""非"等运算，以及逻辑"等价""蕴含"等运算。

第三，比较操作：主要包括"大于""小于""等于""不等于"，以及"大于等于""小于等于"等操作。

第四，传输操作：主要包括"输入""输出"，以及"赋值"等操作。

（2）算法的控制。算法的控制主要用于操作或运算间执行次序的控制，它一般包括以下四种控制：

第一，顺序控制：一般情况下，操作按算法书写次序顺序执行，称为顺序控制。

第二，转移控制：强制转移至某固定操作。

第三，选择控制：根据判断条件进行两者选一或多者选一的控制。

第四，循环控制：主要用于操作（与运算）的多次反复执行的控制。

有了这两个基本要素后，算法就有了基础的构件，它为以后算法描述提供了基础。

（三）算法描述

1. 形式化描述

算法的形式化描述是指类语言描述，又称"伪程序"或"伪代码"。类语言是指用某种程序设计语言（如 C、C++及 Java 等）为主体，选取其基本操作与基础控制为主要构架，屏蔽其具体实现细节与语法规则。目前，常用的类语言有类 C、类 C++及类 Java 等。

用类语言进行算法形式化描述的最大优点是它离真正可执行的程序很近，只要对伪程序做一定的细化与加工即可成为能执行的"真程序"。

（1）运算和操作

第一，算术运算：用+、−、×及/等表示。

第二，逻辑运算：用 and、or 或 not 等表示。

第三，关系运算：用>、<、=、≠、≥、≤等表示。

第四，传输操作：用"−"表示的数据传输操作。

第五，输入/输出：算法的输入表示为 scanf，算法的输出表示为 printf 等。

第六，必要时，还可以用无二义性的自然语言语句表示数据与操作的信息。

（2）流程控制

第一，条件语句。①if；②if…else。

第二，开关语句。switch。

第三，循环语句。①for；②while；③do…while。

第四，转移语句。①goto；②return；③break。

（3）算法结构。算法一般描述为一个函数，可以带参数也可以不带参数，可以带一个或几个参数。参数是算法的输入，如 g（a，b，c）。

2. 半形式化描述

算法半形式化描述的主要表示方法是算法流程图。算法流程图是一种用图示形式表示算法的方法。在该方法中有四种基本图示符号，将这些图示符号用带箭头的线段相连即可构成一个算法流程，称为算法流程图。

算法流程图中的四个基本符号是：①矩形符号，可用于表示数据处理，如数据运算、数据输入/输出等，其处理内容可用文字或符号形式写入矩阵框内；②菱形符号，可用于表示判断，其判断条件可用文字或符号形式写入菱形框内；③扁圆形符号，可用于表示算法的起点与终点，其有关起点与终点的说明可用文字或符号形式写入扁圆形框内；④带箭头的线段，可用带箭头的线段表示算法控制流向，其相关说明可用文字或符号写在线的附近。

算法的半形式化表示还可以有多种，如在类语言表示中屏蔽内容过多，又带有大量文字表示，此时距"真程序"表示形式过远，那么这种表示也是半形式化描述。

总体来说，半形式化描述是一种以文字与形式化相混合的表示方式，其表示方便、随意性大，离最终可执行的程序距离较远。

3. 非形式化描述

非形式化描述是算法的最原始的表示。它一般用自然语言（如中文、英文、数学语言等）及部分程序设计语言中的语句混合表示，而以自然语言为主。这种表示方法最为方便、灵活。

但有时会出现二义性等不确定成分，同时，离真正的程序实现距离会更大。

（四）算法设计

1. 枚举法

枚举法是一种常用的、简单的方法。它的基本思想是：对于求解问题，如能知道解的范围及解所满足的条件，此时列举所有可能的解并对每种可能用条件检验，最终即可得到问题的解。当然，在列举所出现的所有可能时，其数量也许很多，这在人工计算时往往是不现实的，但在计算机中则是完全有可能的，它也体现了用计算机计算的优越性。

2. 递推法

设有一类问题，它由若干个顺序排列的数据项组成，而相邻两项间存在一定的规则，同时，其初始项的值是已知的。这样，可由初始项开始计算，利用每项间的固定规则，一步一步求得结果，这种方法称为递推法。在其中初始项称为递推初始条件，而固定规则则称为递推公式。递推法是由初始条件不断利用递推公式所得结果的一种算法。

3. 递归法

递归法是一种自己调用自己的方法。递归法采用的方法是将规模为 n 的问题可以化解为规模小于 n（如 $n-1$）的与原问题相同的问题，如此继续不断，直至化解成为 $n=0$ 的问题。

在递归算法的实现中有三个关键的难点：①须找到递归变量，即问题规模 n（n 为自然数）；②须有递归主体（称递归体），即问题的自身表示，可表示为：$f(k+1)=B(f(k),k)$；③须有递归终止值，即 $n=0$ 时问题的固定值，可表示为 $f(0)=A$。

这样，一个递归算法可表示为：

$$f(n) = \{f(0) = Af(n+1) = B(f(n), n) \tag{5-1}$$

在设计递归算法时必须包含终止条件（也称终止值），而且每递归一次都要向终止条件靠近一步（称为收敛），最终达到终止条件，不然递归将会无休止地迭代（称为发散）并无法得结果。

递归算法结构简单，易于理解，可通过少量语句表示以实现复杂的算法思想，这是它的优点，但要实现递归算法的关键是要通过分析取得递归变量与递归主体，这是有一定难度的，这是它的难点。

递归算法虽然结构简单，但它的处理流程较为复杂，一般分为递推和回归两个阶段。在递推阶段，首先将规模为 n 的问题求解降低成为 $n-1$ 的问题求解，如此逐步递推直至 $n=0$ 为止。接着就是回归阶段，在此阶段中对递推所形成的公式做计算，从递归终止值开始（即 $n=0$）反推计算，最终获得结果值。

4. 分治法

分治法即是"分而治之"之意，它把一个规模较大的问题分解成若干个规模较小的子问题，然后再求解子问题并最终将其合成为原问题的解。分治法往往是递归的，因此，它是一种常用的特殊递归法。

在分治法中每一层递归上都有三个步骤：①分解，将原问题分解成 n 个子问题；②解决，递归地解决各子问题，若子问题足够小，则直接求解；③合并，将子问题结果合并成为原问题的解。

5. 回溯法

回溯法是一种试探性的求解问题的方法，在求解时它逐步前进，每走一步就是一种试探，当试探成功后则继续前进，若失败，则要后退并放弃先前的部分成功的路径，重新试探，如此不断探索前进直至达到目标。

回溯法是一种最优化求解方法，一般来讲，对最优化的求解方法须设置一个目标函数与一个约束条件，其中，目标函数给出了所谓最优的"标准"，这个标准有一个范围，它由极大值与极小值控制，而约束条件则给出了试探标准，一旦此标准受到破坏则表示试探失败，此时须重新进行试探。在该算法中是在约束条件的指引下，不断探索前进直至达到目标。

二、计算机软件数据基础

计算机软件数据是在计算机系统中用于存储、传输、处理和呈现的信息。数据在软件开发和应用中起着重要的作用，它可以是文本、图像、音频、视频、数字、对象等形式。

第一，数据类型。数据类型定义了数据的种类和格式，如整数、浮点数、字符串、布尔值等。不同的数据类型具有不同的存储和操作方式。

第二，数据结构。数据结构是组织和存储数据的方式，它决定了数据的存储方式，以及对数据的操作和访问方式。常见的数据结构包括数组、链表、栈、队列、树、图等。

第三，数据库。数据库是用于存储和管理大量结构化数据的软件系统。它使用表格形式组织数据，并提供高效的数据检索、更新和查询操作。

第四，数据库管理系统（DBMS）。数据库管理系统是管理和操作数据库的软件系统。它提供数据的存储、检索、更新和删除等功能，并提供数据安全性和完整性的控制。

第五，数据仓库。数据仓库是用于集成和存储大量历史和当前数据的系统。它用于支持数据分析和决策支持，提供数据的提取、转换、加载和查询功能。

第六，数据挖掘。数据挖掘是从大量数据中发现有价值的信息和模式的过程。它使用统计分析、机器学习和模式识别等方法，帮助用户发现隐藏在数据中的知识。

第七，数据备份和恢复。数据备份和恢复是为了防止数据丢失和灾难恢复而进行的操作。备份是创建数据副本以备不时之需，而恢复是在数据丢失时将备份数据恢复到原始状态。

第八，数据安全性和隐私保护。数据安全性和隐私保护是保护数据免受未经授权访问、修改和泄露的措施。它包括数据加密、身份验证、访问控制、审计等技术和方法。

第九，数据可视化。数据可视化是将数据以图表、图形、地图等形式呈现，以便用户更好地理解和分析数据。它有助于发现数据之间的关联和趋势。

第十，数据治理。数据治理是管理和控制数据的过程，包括数据质量管理、数据标准化、数据安全管理等，旨在确保数据的一致性、准确性和可信度。

综上所述，计算机软件数据在软件开发和应用中扮演着重要角色，涉及数据类型、数据结构、数据库管理、数据挖掘、数据备份与恢复、数据安全与隐私、数据可视化等方面。理解和处理好软件数据是构建高效、可靠和安全的计算机系统的关键。

第三节　计算机软件技术的发展趋势

一、操作系统的发展趋势

"在计算机系统实际运行的过程中，软件属于主要的结构，其质量直接决定计算机系统的使用水平与运行性能。"[①] 计算机软件作为一门学科，从其诞生到现在已经取得了令人瞩目的发展，同时也随着技术的进步酝酿着创新。计算机技术和信息技术高速发展的今天，使得计算机和计算机技术大量地应用在我们的日常生活中，随之系统软件、支撑软件和应用软件也有了长足的发展。

随着计算机不断普及，操作系统的功能变得越来越复杂。在这种趋势下，操作系统的发展将面临两个方向的选择：一是向微内核方向发展；二是向大而全的全方位方向发展。微内核操作系统虽然有不少人在研究，但在工业界获得的承认并不多。这方面的代表是

MACH 系统。在工业界来说，操作系统是向着多功能、全方位方向发展的。WindowsXP 操作系统现在有 400 万行代码，Windows7 的代码规模更大，某些 Linux 版本有 2 亿行代码，Solaris 的代码行数也在不断增多。鉴于大而全的操作系统管理起来比较复杂，现代操作系统采取的都是模块化的方式，即一个小的内核加上模块化的外围管理功能。

例如，最新的 Solaris 将操作系统划分为核心内核和可装入模块两个部分。其中，核心内核分为系统调用、调度、内存管理、进程管理、内核锁定、时钟和计时器、中断管理、引导和启动、陷阱管理、CPU 管理；可装入模块分为调度类、文件系统、可加载系统调用、可执行文件格式、流模块、设备和总线驱动程序等。

最新的 Windows 将操作系统划分成内核、执行体（Executive）、视窗、图形驱动和可装入模块。Windows 执行体又划分为 I/O 管理、文件系统缓存、对象管理、热插拔管理器、能源管理器、安全监视器、虚拟内存、进程与线程、配置管理器、本地过程调用等。而且，Windows 还在用户层设置了数十个功能模块，可谓功能繁多，结构复杂。

进入 21 世纪以来，操作系统发展的一个新动态是虚拟化技术和云操作系统的出现。虚拟化技术和云操作系统虽然听上去有点不易理解，它们不过是传统操作系统和分布式操作系统的延伸与深化。虚拟化技术扩展的是传统操作系统，将传统操作系统提供的一个虚拟机变成多个虚拟机，从而同时运行多个传统操作系统；云操作系统扩展的是分布式操作系统，而这种扩展有两层意思：分布式范围的扩展和分布式从同源到异源的扩展。虚拟化技术带来的最大好处是闲置计算资源的利用，云操作系统带来的最大好处是分散的计算资源整合和同化。

二、数据库系统的发展趋势

技术的进步对数据处理的要求也越来越多、越来越高。不再像过去普通的查询、加减乘除和简单统计等只是对数据的直接的使用。现在很重要的应用，就是把数据里面蕴含着的很多有价值的东西拿出来，就是所谓的数据挖掘。现在，各种媒体的数据都可以数字化后进入计算机。例如，扫描的图像各种装置和设备直接采集的数字化的内容，包括照片、电视节目、电影、音乐、报纸、书、杂志等，为了有所区别，不妨把它称为"后键盘"时代。"后键盘"时代的上述变化对数据库领域所产生的影响是多方位的，也是根本性的，关系数据库已经无法胜任这种变化了的应用需求，可以说它使数据库技术的发展面临一个新的分水岭，必须寻求新的解决办法。

（一）数据库管理系统的自适应管理

关系数据库管理系统（RDBMS）复杂性增强及新功能的增加，使得对数据库管理人员的技术熟练需求和数据库管理人员的薪水支付都在大幅度增长，导致企业人力成本支出也在迅速增加。随着关系数据库规模和复杂性的增加，系统调整和管理的复杂性相应增加。基于上述原因，数据库系统自调优和自管理工具的需求增加，对数据库自调优和自管理的研究也逐渐成为热点。

目前的数据库管理系统有大量"调节按钮"，这允许专家从可操作的系统上获得最佳的性能。通常，生产商要花费巨大的代价来完成这些调优。这就是所谓的数据库调优技术。它其实给数据库系统的用户带来极大的负担和成本开销，而且数据库管理系统的调优工作并不是仅依靠使用者的能力就能完成的。其实，把基于规则的系统和可调控的数据库联系起来是可以实现数据库自动调优的。目前，广大的用户已经在数据库调优方面积累了大量的经验，诸如动态资源分配、物理结构选择及某种程度上的视图实例化等。人们认为，数据库系统的最终目标是"没有可调部分"，即所有的调整均由数据库管理系统自动完成。它可以依据缺省的规则，如响应时间和吞吐率的相对重要性做出选择，也可以依据用户的需要制定规则。因此，建立能够清楚地描述用户行为和工作负载的更完善的模型是这一领域取得进展的先决条件。除了不需要手工调整，数据库管理系统还需要一些能力以发现系统组件内部及组件之间的故障，辨别数据冲突，侦查应用失败，并且做出相应的处理。

这些能力要求数据库管理系统具有更强的适应性。学术界与工业界都在努力，有的数据库厂商已将部分研究成果转化到产品中去。相信达到实质意义上的"无可调部分"，开发出无需数据库管理员的数据库管理系统是可能的。

（二）复杂化的发展趋势

当数据管理所带来的挑战日益增加时，信息的重要性就被提升到前所未有的高度。各种形式的信息——数据库、电子数据表、文档管理系统、文本文件、网页、图表和图像都成为院校管理资料。因此，对数据库和其他各种来源的数据进行管理的需求，以及为不同级别用户提供更便捷的方式访问这些数据的需求都在日益增加。数据库技术在向复杂化的趋势发展，对相应的管理系统提出了更高的要求。

1. 提高载入和检索速度

研究具有更快的载入和检索速度的存储方法仍将打头阵。快速数据访问研究包括新型索引（如能够迅速适应新数据类型的通用索引结构）。采用多维聚簇加速访问多维数据。IBM 不断研发不同的存储方案以增加数据聚簇速度并加强对大对象的控制能力。

2. 对大量数据的高效查询

解决海量业务数据高效处理和复杂查询的工作也正在进行中。例如，IBM Almaden 研究中心开发了一种新方法，该方法通过采样获得数据的随机子集并根据该样本估计或外推解答，使系统能够更快地为复杂查询提供近似解答。该技术已应用在 DB2UDBv8.1 测试基础版中。采样将以更快的速度获得更好的统计信息。此外，为提高带有大量子查询和复杂操作内容（如与外部关联和反关联）的查询性能所做的相关改进工作也在进行中，有望在某些类型的查询上取得重大飞跃。

3. 数据管理和 Web 服务

数据库早已成为 Web 服务"供应商"，通过 Web 服务接口应答请求。不久它也将成为 Web 服务的"消费者"。也就是说，在查询过程中，它能够调用 Web 服务以返回所需信息。例如，在一次单步查询中，用户可以查找一个包含本地储存状况描述、首选供应商（从不同的本地列表）、可用性及价格信息的零件（通过 Web 服务发出向供应商的请求并返回当前信息）。目前，不得不通过用户定义的函数在 SQL 语句中明确地调用 Web 服务，照此发展用户甚至可以将 Web 服务视为列表的别名从而进行透明的访问。应用开发和部署工具将随技术而发展。

4. XML 支持

数据及处理集成的基础即是对 XML 的稳定性支持，包括支持 XML 作为基本的数据类型。目前，通过对 SQL 语言（SQL/XML）的标准化扩展，可以将关系数据以 XML 文件的形式返回。由此，可将数据以电子商务业务中数据交换所需的类型返回，所交换的文档可在关系数据库管理系统中安全储存。

5. 双语数据库

尽管 XML 显然将成为电子商务数据交换的标准，但关系数据库并不会从此消失。仅支持 XML 的数据库并不能代替无处不在的关系系统，一部分原因是将全部数据进行转换所需的费用，另一部分原因是比 XML 数据库更为成熟的关系技术的出现。相反，未来的数据库能够为 XML 提供全面的关系能力和真正的本地支持。它们将在引擎中构建支持 XML 的存储管理和检索工具，而且既可使用 XML 语言查询又可使用 SQL 语言查询。这种双语数据库可使用户按需要同时利用关系和 XML 的优势，以实施其最佳应用。

未来的数据管理系统将更快更强大。通过开放协议、Web 服务、网络（计算）和 XML，它们能够对多个异构资源进行数据集成并通过应用和数据库交互。它们将成为自我管理、自我协调、高度自主的系统。

第六章 计算机软件的系统分析

第一节 计算机软件的操作系统

一、操作系统的作用

第一，软件与硬件间的接口。软件与硬件间的接口是操作系统的主要接口。仅有硬件的计算机称为"裸机"，裸机是无法正常使用的，同样，软件就像长在皮上的毛一样，如果没有硬件这张"皮"，软件就成了无所依附的"毛"。因此，正常运行的计算机必须是软、硬件相结合的，而在其中起软、硬件黏合作用的就是操作系统。

第二，计算机与数据通信间的接口。计算机硬件与软件组成了计算机，它与数据通信相结合后就组成了网络，它们之间也需要有接口，这种接口也由操作系统负责承担。具有这种接口的操作系统称为网络操作系统。

第三，硬件与硬件间的接口。硬件与硬件间的接口包括计算机硬件内部各部件器件间的接口，如 CPU 与设备控制器间的接口、设备控制器间的接口等，它们很多都通过操作系统接口。

第四，计算机系统与用户间接口。用户使用系统必须有接口，这种接口也由操作系统实现。

第五，计算机基础接口系统中硬件、软件、网络及用户这四者间的接口都是通过一种更为基础性的接口中断而实现的。中断是操作系统中所有接口的基础接口。

以上五种接口组成了一种宏观的计算机系统总接口。在这五个接口中，硬件与硬件接口、计算机与数据通信间的接口一般由计算机硬件与计算机网络的相关课程做详细介绍。

二、操作系统的功能

（一）控制程序运行

程序是软件中的产物，它只有运行才能产生结果，从而取得效益，因此，程序的运行是软件发挥效能的关键。

程序运行的主要条件是资源的支撑，具体包括程序运行的空间平台内存资源，程序运行的操作时间平台——CPU 资源，程序运行的数据平台——数据及其空间资源，此外，还有程序运行的输入/输出设备平台设备资源。一般来讲，程序在不同的运行阶段需要不同数量、不同品种的资源，因此，为了让程序正常运行，计算机需要一个专门的系统不断为程序提供所需资源，这个系统就是操作系统。

在计算机中，如果只有一个程序运行，此时，所有硬件资源都可为此程序服务（称为程序独占资源），在这种情况下，操作系统为程序提供资源的任务就较为简单，但是，在目前计算机系统中往往有多个程序须正常运行（称为程序共享资源），在这种情况下，操作系统的任务就变得复杂多了，它需要协调 n 个资源与 m 个程序间的关系，使 m 个程序都能高效、正常地运行。操作系统的这个功能就称为控制程序运行。

（二）资源管理

由于控制程序运行必须有资源保证，因此，要求操作系统能牢固地控制资源并对其进行严格管理，这就称为资源管理。

操作系统的资源管理任务告诉人们，在计算机系统内所有资源（主要是硬件资源）都由操作系统统一掌握管理，所有对资源的使用与归还均须由操作系统统一调度实施。

操作系统控制一般包含以下四种资源：

第一，CPU。CPU 是最重要的资源，且一般只有一个（多核计算机除外），因为只有它才能执行程序。

第二，内存。内存也是一种重要资源，只有获得内存资源，程序才能在其上执行。

第三，外部设备资源。外部设备资源包括外部存储器、输入设备及输出设备等。

第四，数据资源。数据资源包括外存持久性空间及相应数据资源。

操作系统资源管理的任务比较多，它主要包括三方面。第一，资源的分配与回收。这是资源管理的最重要的内容，主要负责将资源及时分配给进程，同时在进程使用完资源后及时回收资源。为使资源的分配更为合理，可设计一些资源调度的算法，如 CPU 的调度算法、打印机的分配算法等。第二，提高资源使用效率。使资源充分发挥作用是操作系统的任务之一，如采用虚拟存储器扩大主存容量、采用假脱机以提高输入/输出设备的效率等。第三，为使用资源的用户提供方便。通常资源本身与用户需求有一定差异，因此，需要对资源做一定的转换与包装以满足用户的需要，如打印输入是以页为单位的，而打印机指令则以行为单位输出，此时需要安装打印机服务程序以组织打印机指令以页为单位输出。操作系统的软、硬件接口的作用就是通过资源管理及控制程序运行这两个功能实现的。

（三）用户服务

操作系统不但有管理作用，还须有服务作用。操作系统所提供的服务是整个计算机系统，而它的服务对象是用户，这种用户不仅包括直接使用操作系统的操作人员，还包括使用操作系统的程序。计算机系统不但面对众多程序，还直接面对操作用户，为方便用户使用系统是操作系统的又一任务。主要包括：第一，友好的界面，为用户使用系统提供方便、友好的界面；第二，服务功能，为用户使用系统提供多种服务，如为用户使用文件服务、为用户使用打印机服务、为用户上网服务及为用户做磁盘分区和清理服务等。这两个方面即是操作系统用户服务功能的具体体现。操作系统中与用户的接口即是通过此项功能实现的。

（四）基础接口中断

操作系统作为计算机系统的总接口，最终都是通过中断这个基础性的接口而实现的。中断由硬件与软件联合组成，其软件部分属操作系统。它是软、硬件的基本连接通道，也是硬件与用户的基本连接通道以及硬件与数据通信及硬件间的基本连接通道。

三、操作系统的结构

第一，操作系统由内核（kernel）与外壳（shell）两部分组成，其中，内核完成操作系统的基本核心功能，而其他功能由外壳完成。

第二，内核是操作系统的底层，它下面是硬件接口，而外壳则是操作系统的上层，它上面是用户接口。

在分层内核式结构中，用户通过外壳与内核交互，再由内核驱动硬件执行相关操作，在其中内核无疑是操作系统中最重要的部分，操作系统的大部分功能，即控制程序运行及资源管理工作均由内核完成。为保证任务的完成，硬件为内核设有专门装置，这就是特权指令与中断装置。其中特权指令是一些指令它仅供内核操作使用，而中断则是内核与硬件、内核与软件间联系通道。此外，在计算机运行时分两种状态：一种称为管理状态（简称管态或核态）；另一种称为用户状态（简称目标状态或目态）。所谓管态，是指操作系统内核运行时所在的状态，在此时所运行的程序享有包括使用特权指令、处理中断在内的一些权力，而目态则是用户使用（即非内核运行）时的状态，它不享有任何特权。

四、操作系统的安装

操作系统的安装一般是由计算机软件、硬件联合完成的。以 PC 为例，在 PC 的主板上有 BIOS 装置（它装有装入程序及 CMOS 程序）。在接通 PC 电源后，由硬件首先启动 BIOS 中的 POST 自检程序，在测试合格后，即启动 BIOS 中的操作系统的装入程序。操作系统是一种大型的系统软件，它的容量大，一般存储于硬盘内。

第一，装入程序根据 CMOS 中参数的设置，从相应的存储器（或硬盘、CD-ROM 等）中读出操作系统的引导程序至内存相应区域，然后将控制权转移给引导程序。

第二，引导程序引导操作系统安装，将操作系统的常驻部分读入内存，而非常驻部分则仍存储在硬盘内，在必要时再进行调入。目前大多数操作系统采用此种方法，它们均以磁盘为其基地，这种操作系统称为磁盘操作系统。

第三，在常驻部分进入内存后，引导程序将控制权转移至操作系统，此后，整个计算机就控制在操作系统之下，这时，用户就可以使用操作系统了。

第二节　计算机软件的语言处理

计算机软件的语言处理是指对计算机程序中的文本或语言进行分析、解析和转换的过程。它涵盖了编程语言的词法分析、语法分析、语义分析和代码生成等多个阶段。

一、词法分析

词法分析是计算机软件语言处理的重要步骤之一，其主要功能是将程序文本划分为一个个的词法单元，也被称为 token。这些词法单元可以是关键字（如 if、while、int 等）、标识符（如变量名、函数名等）、常量（如整数、浮点数、字符串等）或运算符（如加号、减号、乘号等）。通过词法分析，将程序文本转化为具有特定含义的词法单元序列，为后续的语法分析和语义分析提供基础。

在词法分析过程中，通常会使用正则表达式和有限自动机等工具和技术。词法分析器根据事先定义好的词法规则，逐个读取程序文本的字符，并根据规则进行匹配和处理。当匹配成功时，将识别出一个词法单元，并将其分类和记录。当匹配失败时，可能会出现词法错误，需要进行相应的错误处理。

词法分析的主要目标是消除程序文本中的空格、注释和其他无关字符，并将有意义的词法单元提取出来。通过词法分析，可以实现以下四个方面的功能：

第一，标识符的识别。词法分析器能够识别程序中的标识符，包括变量名、函数名等。它通过词法规则判断标识符的合法性，并将其作为一个词法单元进行记录。

第二，常量的识别。词法分析器能够识别常量，包括整数、浮点数、字符串等。它根据词法规则判断常量的类型，并将其作为一个词法单元进行记录。

第三，关键字的识别。词法分析器能够识别程序中的关键字，如 if、while、int 等。它将关键字作为一个特殊的词法单元进行记录。

第四，运算符和界符的识别。词法分析器能够识别程序中的运算符和界符，如加号、减号、括号等。它将它们作为特定的词法单元进行记录。

通过词法分析，程序文本可以被转化为一个个具有特定含义的词法单元序列，为后续的语法分析和语义分析提供基础。词法分析的准确性和高效性对于计算机软件的编译、解释和执行过程至关重要。

二、语法分析

语法分析是计算机软件语言处理的重要环节，它对程序文本的语法结构进行分析、验证和解析。通过语法分析，可以将程序文本按照语言的语法规则组织成语法树或语法图，进而进行后续的语义分析、优化和代码生成等操作。

第一，语法规则定义。语法分析的首要任务是定义程序语言的语法规则。语法规则描述了程序中各个构造和语法成分之间的关系和组织方式，例如，关键字、运算符、变量声明、控制语句等。通过语法规则的定义，可以确定程序文本的合法结构和语法形式。

第二，上下文无关文法。语法分析通常使用上下文无关文法（CFG）来描述程序语言的语法结构。CFG 由一组产生式规则组成，每个规则定义了一种语法成分的构造方式。通过应用产生式规则，语法分析器可以推导出程序文本的语法结构，并构建相应的语法树或语法图。

第三，语法树和语法图。语法分析的结果通常以语法树或语法图的形式呈现。语法树是一种层次结构，它以根节点表示整个程序，子节点表示程序的各个语法成分。语法树的构造过程可以通过自顶向下的递归下降方法或自底向上的移进–规约方法来实现。语法图则是一种更为紧凑的表示形式，它将语法树的一部分折叠成单个节点，从而减少了冗余信息。

第四，语法分析器的生成。为了自动化进行语法分析，可以使用工具和算法来生成语法分析器。常见的语法分析算法包括递归下降、LL（1）分析、LR（0）分析、SLR（1）分析和 LALR（1）分析等。这些算法根据语法规则和输入串的性质，进行自动推导和匹配，以确定语法的正确性和可接受性。

第五，错误处理。语法分析器还需要进行错误处理，即检测和处理程序文本中的语法错误。当程序文本不符合语法规则时，语法分析器可以发现错误，并给出相应的错误提示和恢复策略。常见的错误处理方法包括错误恢复、错误报告和错误处理动作的插入等。

三、语义分析

语义分析是计算机软件语言处理的重要环节，用于对程序文本的意义和语义进行分析和理解。在语法分析之后，语义分析进一步处理语法树或语法图，主要关注以下五方面：

第一，语义的正确性验证。语义分析器会检查程序中的语义错误，例如，变量未声明、函数参数不匹配、类型错误等。它会根据编程语言的规范和语义规则，对代码进行静态检查，以确保程序在运行时不会出现语义相关的错误。

第二，类型匹配和类型推导。语义分析会检查变量和表达式的类型是否匹配。它会根据上下文信息，对表达式的类型进行推导，并确保类型一致性。例如，检查赋值语句中的左右操作数的类型是否匹配，或者函数调用时实参和形参的类型是否一致。

第三，作用域分析。语义分析器会构建符号表，记录程序中定义的变量、函数、类等符号的信息。它会检查符号的作用域范围和可见性，并确保在合适的作用域内进行符号的引用和访问。例如，检查变量是否在其作用域内声明和使用。

第四，常量折叠和优化。语义分析器会对程序中的常量进行折叠和优化。它会计算常量表达式的值，并将其替换为相应的结果。这可以提高程序的执行效率和资源利用率。

第五，引用解析和解决。语义分析器会解析程序中的引用，包括变量引用、函数引用、类引用等。它会查找和解析引用的目标，并进行相应的连接和绑定。这有助于确保程序中的引用能够正确地引用到相应的实体。

通过语义分析，编译器或解释器可以对程序进行更深入的理解和处理。它可以帮助开发人员在编程过程中发现潜在的错误和问题，提高程序的可靠性和正确性。此外，语义分析还为其他优化和代码生成阶段提供了必要的信息和基础。

第三节 计算机软件的数据库系统

一、数据库系统特色与数据库系统基本面貌

(一)数据共享

数据共享是计算机中的重要概念。数据是一种资源，可为多个应用所共享，使数据能发挥更大的效用。

共享的数据对数据组织是有要求的，具体有以下四条：

第一，全局模式与局部模式。数据库系统中的数据应能为多个应用共享。因此，首先须为数据构建一个全局的、规范的模式，称为全局模式；对每个应用而言，又有其特殊的模式需求，它应是全局模式中的一个局部，称为局部模式。因此，数据共享的数据组织中必须有全局与局部模式。其中，全局模式以表示共享数据的统一模式，而局部模式以表示应用的实际模式。

第二，数据控制。数据共享可为应用带来极大方便，但是共享应是有度的，"过度共享"可引发多种弊病，如安全性弊病、故障性弊病等。因此，共享必须是建立在一定规则的控制下，称为数据控制。从数据角度看，数据控制是一种数据约束。

第三，独立组织。共享数据不依赖于任何应用，因此，其数据组织必须独立于应用，并具有独立、严格的对数据操纵的能力。应用在使用共享数据时必须通过一定的接口，并以多种数据交换方式实现。

第四，数据的高集成与低冗余。共享数据可以统一组织以达到高度集成，还可以避免私有数据的混乱与高冗余的状况。

(二)海量数据

数量数据对数据组织也是有要求的，海量数据对数据组织的要求是数据必须管理。而"管理"体现于有专门的机构，一般有两种：一是专门的软件，称为数据库管理系统DBMS；二是专门管理数据的人员，称为数据库管理员DBA。

(三)持久性数据

持久性数据对数据组织的要求是数据保护。持久性数据要求数据组织能有长期保存数

据的能力，包括抵抗外界破坏能力、抵抗外界干涉能力及遭遇破坏后的修复能力等数据保护功能。

从数据角度看，它也是一种数据约束。

海量数据与持久性数据这两者还共同对数据组织要求，即海量、持久的物理存储设备。海量、持久的数据须有海量、持久的物理存储设备支撑。因此，数据库系统的物理存储设备应是具有海量、持久性质的，且具高速、联机的存储器——一般用磁盘存储器。

根据数据库系统的三个特性对其数据组织有七项要求，因此，数据库系统作为数据组织应具有六个基本面貌。

第一，数据模式由全局模式与局部模式两部分组成。

第二，数据有高集成性与低冗余性。

第三，是一种独立组织，有严格的数据操纵能力。

第四，有数据控制与数据保护能力，共同组成数据约束。

第五，有专门的数据库管理系统软件与专门的数据管理人员。

第六，物理级存储设备是磁盘存储器。

这六个数据组织的要求构成了数据库系统的基本面貌。

二、数据库系统组成

（一）数据库

数据库 DB（DataBase）是一种共享的数据单元，它有全局模式及局部模式两种形式组织。多个应用可通过多种接口与其进行数据交换，它的物理存储设备是磁盘。数据库中的数据具有高集成性与低冗余性。

（二）数据库管理系统

数据库管理系统是统一管理数据库的软件，其主要功能包括以下四条：

第一，数据模式定义功能：可以定义数据库中的全局模式与局部模式。

第二，数据操纵功能：具有对数据库实施多种操作的能力。

第三，数据控制与数据保护能力：具有对数据库中数据实施控制与保护能力。

第四，数据交换能力：提供应用与数据库间多种数据交换方式。此外，数据库管理系统还提供多种服务功能。

为使用户能方便使用这些功能，数据库管理系统提供统一的数据库语言，目前常用的语言为 SQL。

（三）数据库管理员

数据库管理员（DBA）主要管理数据库中高层次需求，他们是一些专业的管理人员，其主要工作包括以下四条：

第一，数据库的建立与维护：包括数据模式设计、数据库建立与维护等工作。

第二，数据控制与保护的管理：包括对数据控制的设置、监督和处理及数据保护的实施等。

第三，数据库运行监视：在数据库运行时监视其运行状况，当出现问题时随时做出调整。

第四，改善数据库性能：不断调整数据库的物理结构保证数据库的运行效率。

（四）数据库系统

数据库系统是一种数据组织，主要包括以下四部分：

第一，数据库——数据。

第二，数据库管理系统——软件（包括数据库语言）。

第三，数据库管理员——专业人员。

第四，计算机平台——主要包括计算机硬件、网络及操作系统等。

由这四个部分所组成的以数据库为核心的系统称为数据库系统 DBS，有时可简称为数据库。

三、数据库应用系统

（一）数据处理

数据库系统的主要应用领域是数据处理。数据处理是以批量数据多种方式处理为特色的计算机应用，其主要工作为数据的加工、转换、分类、统计、计算、存取、传递、采集及发布等。

在数据处理中需要海量、共享及持久的数据，因此，数据库系统就成为数据处理中的主要工具，而数据处理与数据库系统的有效组合就构成了数据库应用系统。

（二）数据处理环境

在数据处理中，用户使用数据是通过数据库系统实现的，而这种使用是在一定环境下进行的。目前共有以下三种环境：

第一，单机集中式环境在数据库系统发展的初期（20世纪60—70年代）以单机集中式环境为主，此时，应用与数据处于同一机器内，用户使用数据较为简单方便。

第二，网络环境。在计算机网络出现后，数据库系统的使用方式有了新的变化，此时应用与数据处于网络不同结点中，用户使用数据较为复杂、困难。

第三，互联网Web环境。互联网Web环境是互联网中Web站点使用数据的环境。

（三）数据交换方式

数据库系统是一种独立的数据组织，用户访问它时必须有多个访问接口，这种接口可因不同环境而有所不同，它称为数据交换方式。目前一般有五种交换方式，它们是单机集中式环境中的三种方式，网络中的一种方式及互联网Web中的一种方式。

第一，人机交互方式。人机交互方式是单机集中式环境中用户（操作员）与数据的交互方式。它是最简单、原始的操作方式，是通过界面操作员直接使用数据库语言与数据库系统做人机对话的方式。它流行于20世纪60—70年代，目前仍经常使用。

第二，嵌入式方式。嵌入式方式是单机集中式环境中用户为应用程序时与数据的交互方式。此种方式是将数据库语言与外部程序设计语言（如C、C++等）捆绑于一起构成一种新的应用开发方式。在此方式中：外部程序设计语言是主语言，而数据库语言则是其附属部分嵌入于主语言中，因此称为嵌入式方式。它流行于20世纪70—80年代，目前已趋于淘汰。

第三，自含式方式。自含式方式是单机集中式环境中用户为应用程序时与数据交互的另一种方式。此种方式也是将数据库语言与外部程序设计语言捆绑于一起，但是在其中以数据库语言为主语言再加以适当扩充，引入传统程序设计语言中的成分（如控制语句、表达式等），因此称为自含式方式。它是目前较为流行的一种方式。

第四，调用层接口方式。调用层接口方式是在网络环境中应用程序与数据交互的一种方式。在此方式中：将网络一个结点中的应用程序与另一结点中的数据通过一种专用的接口工具连接在一起以实现数据交换。它也是目前较为流行的一种方式。

第五，Web方式。Web方式是在互联网环境下Web应用程序与数据交互的一种工作方式，它是目前Web页面动态构建的常用方式。在此方式中：Web服务器中的HTML（或XML）程序通过专用接口工具调用数据库服务器中的数据。

（四）数据库应用系统

在数据处理中开发应用系统需要做两件事：首先，设置数据库系统；其次，根据不同环境采用不同数据交换方式编写应用程序。

1. 设置数据库系统

（1）构建数据模式并做数据录入，以形成数据库。

（2）设置数据控制及约束条件。

（3）设置运行参数。

2. 编制应用程序

（1）在单机集中式环境下，用嵌入式或自含式方式编程。

（2）在网络分布式环境下，用调用层接口方式编程。

（3）在互联网 Web 环境下，用 Web 方式编程，同时由于互联网也是一种网络，因此也可用调用层接口方式编程。

在经过数据库系统设置及应用程序编制后，一个应用系统就生成了，这种系统称为数据库应用系统 DBAS。数据库应用系统一般包括：①已设置的数据库系统；②已选定的数据交换方式及相应的接口工具；③应用程序。

数据库应用系统一般也称信息系统 IS，这是目前数据处理领域中最为流行的系统，其典型的为管理信息系统（MIS）、办公自动化系统（OA）、情报检索系统（IRS）及财务信息系统（FIS）等，这些都是数据库应用系统。

第七章 计算机软件的开发设计

第一节 计算机软件的开发流程分析

软件工程是关于软件产品研发与维护的工程方法学，是软件开发者、软件项目负责人、软件分析师、软件设计师、软件程序员、软件测试员研发与维护软件时的作业指南。软件工程正随软件产业的发展而进步。目前，软件工程已是计算机科学领域中的一个重要分支，其已有了结构化、面向对象等比较成熟的工程方法学体系，并已有了对技术、管理、经济的比较全面的工程方法支持。然而，直至今天，软件工程还仍处于成长过程中，仍需要工程探索，需要逐步完善。

一、软件的开发计划阶段

（一）系统可行性分析

1. 可行性研究的目的

（1）技术可行性分析。技术可行性分析是可行性研究的重要内容。技术可行性分析最主要是完成三个方面分析。

第一，在给定的时间内能否实现系统定义中的功能。如果在项目开发过程中遇到难以克服的技术问题，轻则拖延进度，重则终止项目。

第二，软件的质量。有些应用对实时性要求很高，如果软件运行速度很慢，即便具备很多功能也毫无实用价值。有些高风险的应用对软件的正确性与精确性要求极高，如果软件出了差错而造成客户利益损失，那么软件开发方就要承担全部的责任。

第三，软件的生产率。如果生产率低下，能赚到的钱就少，并且会逐渐丧失竞争力，在统计软件总的开发时间时，不能漏掉用于维护的时间。如果软件的质量不好，将会导致维护的代价很高，企图通过偷工减料而提高生产率，是得不偿失的事。

（2）经济可行性分析。经济可行性就是通过成本效益分析，评估系统的经济效益是否超过它的开发成本，也就是给出系统开发的成本论证，并将估算的成本与预期的利润进行对比，分析系统开发对其他产品或利润的影响。

第一，系统成本。购置硬件/软件；有关设备的工程安装费用；系统开发费；系统的安装、运行和维护费用；人员培训费用等。

第二，系统效益。①经济效益，系统为用户增加的经济收入，它可以通过直接的或者统计的方法估算；②社会效益，只能用定性的方法估算。如产品广告宣传、影响。

2. 可行性研究的步骤

（1）确定项目规模和目标。分析员对有关人员进行调查访问，仔细阅读和分析有关资料，对项目的规模和目标进行定义与确认，清晰地描述项目的一切限制和约束，确保分析员正在解决的问题确实是要解决的问题。

（2）研究正在运行的系统。正在运行的系统可能是一个人工操作的系统，也可能是旧的计算机系统，因而需要开发一个新的计算机系统来代替现有系统。现有的系统是信息的重要来源，人们需要研究它的基本功能存在什么问题，运行需要多少费用；新系统有什么新的功能要求，新系统运行时能否减少使用费用等。

（3）建立新系统的高层逻辑模型。注意，现在还不是软件需求分析阶段，不是完整详细的描述，只是概括地描述高层的数据处理和流动。

（4）导出和评价各种方案。分析员建立了新系统的高层逻辑模型之后，要从技术角度，提出实现高层逻辑模型的不同方案，即导出若干较高层次的物理解法。根据技术可行件、经济可行性和社会可行性对各种方案进行评估，去掉行不通的解法，得到可行的解法。

（5）推荐可行的方案。根据上述可行性研究的结果，应该决定该项目是否值得去开发。若值得开发，那么可行的解决方案是什么，并且说明该方案可行的原因。

（6）编写可行性研究报告。将上述可行性研究过程的结果写成相应的文档，即可行性研究报告，提请用户和使用部门仔细审查，从而决定该项目是否进行开发，是否接受可行的实现方案。

（二）软件开发计划

1. 软件开发计划的内容

（1）计划概述。说明计划的各项主要工作；说明软件的功能、性能；为完成计划应具有的条件；用户及合同承包者完成工作的期限及其他限制条件；应交付的程序名称；所使用的语言及存储形式；应交付的文档。

（2）实施计划。说明任务的划分、各个任务的责任人、计划开发的进度、计划的预算、各阶段的费用支出、各阶段应完成的任务，用图表说明每项任务的开始和完成时间。

（3）人员组织及分工。所需人员类型、数量和组成结构。

（4）交付期限。

第一，资源计算。①人力资源，人力是软件开发中最重要的资源。在安排开发活动时必须考虑人员的情况，如技术水平、数量、专业设置，以及在开发过程中各个阶段对各种人员的需要。②硬件资源，硬件作为软件开发的一种工具，对其资源要求考虑三种情况，即宿主机、目标机、其他硬件设备。宿主机指在软件开发阶段使用的计算机和有关外部设备；目标机指运行所开发软件的计算机和外部设备；其他硬件设备指设备进行专用软件开发时，所需要的某些特殊的硬件资源。软件资源，软件资源可划分为支持软件和实用软件两类。其中，支持软件包括操作系统编译程序、数据库和图形包等开发工具。为促成软件的重复利用，可将一些实用软件结合到新的开发系统中去，建立可复用的软件部件库，以提高软件的生产率和质量。

第二，成本预算。成本预算就是要估计总的开发成本，并将总的开发费用合理地分配到开发的各个阶段中。采用确切的估算方法和估算模型是非常重要的。

第三，进度安排。进度安排要确定最终的软件提交日期，并在限定的日期内安排和分配工作量；或在合理利用各种资源分配工作量的基础上，确定最终交付日期形成一份管理性的软件文档，同时将软件的开发计划交给有关人员备查。

2. 软件开发计划进度安排

软件开发计划进度安排可以从两个不同的角度来考虑：①计划的最后交付日期已经确定，负责开发工作的软件机构限制在一个规定的时间范围内分配其工作量；②计划的最后交付日期由软件机构自己决定，可以从合理地利用各种资源的角度出发来分析工作量，而最后的交付日期则是在对软件各部分仔细进行分析之后才确定下来。但在实际工作中，人们经常遇到的是第一种情况而不是第二种情况。

（1）人与工作量的关系。对于一个小型的软件开发计划来说，一个人就可以进行需求分析、设计、编码及测试等一系列工作。随着软件开发计划规模的增加，将有更多的人共同参与同一开发计划的工作。事实上，单纯地增加人员并不一定能提高开发计划的进度。

（2）安排的方法。计划人员需要协调可以使用的资源与开发计划工作量之间的关系；考虑各个任务之间的相互联系并尽可能合理安排工作；预见可能存在的问题或瓶颈现象并提出应付措施；规定各阶段完成的标志，组织复审和指定应交付的文档，这些将准确地反映出开发工作进展的情况。

一个软件开发计划的进度安排与任何一个多重任务开发工作的进度安排类似，因此，只要稍加修改，一般的研制项目进度安排工具和技术都可以应用于软件开发计划进度安排，如计划评审技术、甘特图、时间网状图和关键路径方法等。有关软件开发计划安排的具体方法和管理等内容，属于软件管理的范畴。

（三）软件的需求分析理论

1. 需求分析的目标

（1）对实现软件的功能做全面的描述，帮助用户判断实现功能的正确性、一致性和完整性，促使用户在软件设计启动之前周密地、全面地思考软件需求。

（2）了解和描述软件实现所需的全部信息，为软件设计、确认和验证提供一个基准。

（3）为软件管理人员进行软件成本计价和编制软件开发计划书提供依据。

需求分析的具体内容可以归纳为六个方面：软件的功能需求、软件与硬件或其他外部系统接口、软件的非功能性需求、软件的反向需求、软件设计和实现上的限制、阅读支持信息。

软件需求分析应尽量提供软件实现功能需求的全部信息，使得软件设计人员和软件测试人员不再需要需求方的接触。这就要求软件需求分析内容应正确、完整、一致和可验证。此外，为保证软件设计质量，便于软件功能的休整和验证，软件需求表达要求无岔意性，并具有可追踪性和可修改性。

2. 需求分析的过程

（1）获取用户需求。在此阶段，必须充分地了解用户目标、业务内容、系统流程，通过各种方式与用户进行广泛的交流，然后确定系统的整体目标和工作范围，弄清楚所有数据项的来源及数据的流动情况。

（2）分析用户需求。在此阶段，分析人员从数据流和数据结构出发，根据功能需求、性能需求和环境需求，分析是否满足用户要求、是否合理，然后把数据流和数据结构综合成系统的解决方案，给出目标系统的逻辑模型。分析和综合工作需要反复进行。

（3）编写需求文档。在此阶段，需要把已经确定的需求清晰准确地描述出来，描述需求的文档称为需求规格说明书。需求文档可以采用结构化语言编写文本型的文档，也可以建立图形化的模型，还可以使用数学上精确的形式化逻辑语言来定义需求。

（4）进行需求评审。需求分析直接关系到软件开发计划能否顺利进行，因此，要求进行需求评审来控制需求分析的质量。需求评审可以通过内部评审、同行评审、用户评审等方式进行，在需求分析评审中，用户的意见是第一位的。

3. 需求分析的要求

（1）完整性。在需求分析中，没有遗漏用户的任何一个必要的要求。

（2）一致性。在需求分析中，用户和开发人员对于需求的理解应当是一致的。

（3）现实性。需求应当是以现有的开发技术作为基础来实现的。

（4）有效性。需求必须是正确且有效的，保证可以解决用户真正存在的问题。

（5）可验证性。对于已经定义的需求是可以准确验证的。

（6）可跟踪性。对于已经定义的功能、性能可以被追溯到用户最初的需求。

4. 需求分析的方法

软件需求分析方法由对软件的数据域和功能域的系统分析过程及其表示方法组成。它定义了表示系统逻辑视图和物理视图的方式。大多数的需求分析方法是由数据驱动的，也就是这些方法提供了一种表示数据域的机制，分析人员根据这种表示，确定软件功能及其他特性，最终建立一个待开发软件的抽象模型，即目标系统的逻辑模型。数据域具有三种属性：数据流、数据内容和数据结构。通常，一种需求分析方法总要利用其中的一种或几种属性。

传统需求分析即结构化分析方法（SA），是一种面向数据流的需求分析方法，适用于分析大型数据处理系统，是一种简单、实用的方法。结构化分析方法的基本思想是自顶向下逐层分解。分解和抽象是人们控制问题复杂性的两种基本手段。对于一个复杂的问题，人们很难一次性考虑到问题的所有方面和全部细节，通常可以把一个大问题分成若干个小问题，每个小问题再分成若干个更小的问题，经过多次逐层分解，每个最底层的问题都是足够简单、容易解决的，于是复杂的问题也就迎刃而解了。

结构化分析方法的实质是着眼于数据流，自顶向下，逐层分解，建立系统的处理流程，以数据流图和数据字典为主要工具，建立系统的逻辑模型。

（1）通过对用户的调查，以软件的需求为线索，获得当前系统的具体模型。

（2）去掉具体模型中非本质因素，抽象出当前系统的逻辑模型。

（3）根据计算机的特点分析当前系统与目标系统的差别，建立目标系统的逻辑模型。

（4）完善目标系统并补充细节，写出目标系统的软件需求规格说明。

（5）评审，直到确认完全符合用户对软件的需求。

二、软件的系统设计阶段

(一) 软件概要设计概论

在概要设计过程中，需要完成的工作有以下六项：

第一，制定规范。在进入软件开发阶段之初，应为软件开发组制定在设计时应共同遵守的标准，以便调整组内各成员的工作。

第二，软件系统结构的总体设计。采用某种设计方法，将系统按功能划分成模块的层次结构，确定每个模块的功能，确定模块间的调用关系。

第三，处理方式设计。确定为实现系统的功能需求所必需的算法，评估算法的性能；确定为满足系统的性能需求所必需的算法和模块间的控制方式，使得系统的周转时间、响应时间、吞吐量、精度等符合需求定义的目标。

第四，数据结构设计。确定输入、输出文件的详细的数据结构；结合算法设计，确定算法所必需的逻辑数据结构及其操作。

第五，可靠性设计。在软件开发一开始就要确定软件可靠性和其他质量指标，考虑相应措施，以使得软件易于修改和易于维护。

第六，编写概要设计阶段的文档。概要设计阶段需要编写的文档有概要设计说明书和初步的用户操作手册。概要设计的主要目标是把需求转换为软件的体系结构，而软件体系结构包括程序的模块结构和数据结构。

(二) 软件概要设计原理

1. 程序设计的模块结构

程序的模块结构表明了程序各个部件（模块）的组织情况，是软件的过程表示。模块结构分成两类：树状结构、网状结构。结构图反映程序中模块之间的层次调用关系和联系，以特定的符号表示模块、模块间的调用关系和模块间信息的传递。

(1) 模块。模块用矩形框表示，并用模块的名字标记它。

(2) 模块的调用关系和接口。模块之间用单向箭头连接，箭头从调用模块指向被调用模块，表示调用模块调用了被调用模块。

(3) 模块间的信息传递。当一个模块调用另一个模块时，调用模块把数据或控制信息传送给被调用模块，以使被调用模块能够运行。而被调用模块在执行过程中又把它产生的数据或控制信息回送给调用模块。

2. 程序设计的数据结构

（1）确定软件涉及的文件系统的结构，以及数据库的模式、子模式，进行数据完整性和安全性的设计。

（2）确定输入、输出文件的详细的数据结构。

（3）结合算法设计，确定算法所必需的逻辑数据结构及其操作。

（4）确定对逻辑数据结构所必需的那些操作的程序模块（软件包）。

（5）限制和确定各个数据设计决策的影响范围。

（6）若需要与操作系统或调度程序接口相关的所必需的控制表等数据，则确定其详细的数据结构和使用规则。

（7）数据的保护性设计。

第一，防卫性设计。在软件设计中就加入自动检错、报错和纠错的功能。

第二，一致性设计。①保证软件运行过程中所使用的数据的类型和取值范围不变；②在并发处理过程中使用封锁和解除封锁机制保持数据不被破坏。

第二节 计算机软件的开发设计技巧

一、清晰的需求分析

"在计算机软件开发设计中经常存在一些问题影响设计效果，因此，需要针对存在的常见性问题制定有效的改善措施提高设计质量，进而推动计算机技术能够快速发展。"①

在软件开发的早期阶段，进行充分的需求分析是至关重要的。与客户、用户和利益相关者密切合作，确保对系统功能和性能需求的准确理解，这有助于避免后期的设计修改和重构，并确保软件满足用户的期望和需求。需求分析是软件开发过程中的关键步骤，它涉及与相关利益相关者进行有效沟通和合作，以了解他们的期望、需求和约束条件。

（一）沟通与合作

与客户、用户和其他利益相关者进行积极的沟通和合作是需求分析的核心。通过面对面的会议、讨论和工作坊等形式，与相关方明确沟通，收集和梳理他们的需求、期望和问

---

① 赵凤龙. 计算机软件开发设计常见的问题与对策研究 [J]. 数字化用户，2019，25（46）：60.

题。通过与他们密切合作，可以确保对需求的准确理解。

第一，面对面会议。面对面会议是一种直接交流的形式，通过与相关方面对面地讨论需求、期望和问题，促进深入理解和有效沟通。

第二，讨论会。讨论会是一个团队集会，旨在共同讨论和解决需求相关的问题。通过集思广益的讨论，可以促进各方对需求的认识和理解。

第三，工作坊。工作坊是一种以合作和互动为基础的工作会议形式，旨在促进需求的收集、整理和共享。通过参与者之间的合作和协作，可以深入探讨和澄清需求。

第四，需求收集。需求收集是指通过与相关方交流、观察和研究等方式，收集和获取需求信息的过程。这包括识别相关方的需求、期望和问题，并将其转化为明确的需求文档或规范。

第五，需求澄清。需求澄清是指与相关方进一步沟通和验证需求，以确保对需求的准确理解。通过与相关方的反馈和确认，可以澄清需求的细节和特定要求。

第六，利益相关者管理。利益相关者管理是指与各个利益相关者建立和维护积极的合作关系，以确保他们的需求和期望得到充分考虑。这包括识别利益相关者、了解他们的需求和利益，并在需求分析过程中积极与他们进行沟通和合作。

第七，协作工具。协作工具是指用于支持沟通和合作的软件工具和平台。这些工具可以帮助团队成员实时共享和编辑文档、进行在线讨论和会议，并跟踪需求的变化和进展。

（二）需求收集

需求分析的第一步是收集和整理各方的需求。这可以通过面谈、问卷调查、焦点小组讨论等方式进行。需求收集的目标是获得全面而准确的信息，包括功能需求、非功能需求、用户界面要求、性能要求等。同时，也要收集相关的约束条件，如时间、预算、法律法规等。

第一，面谈。面谈是一种直接交流的方式，通过与相关方进行一对一的访谈，可以深入了解他们的需求和期望。面谈可以提供详细和具体的信息，并促进双方的互动和理解。

第二，问卷调查。问卷调查是一种收集大量意见和反馈的方式，可以通过编制调查问卷并分发给相关方，收集他们的需求和看法。问卷调查可以提供广泛的参与和匿名性，但可能限制了深入的交流和细节的了解。

第三，焦点小组讨论。焦点小组是一种团体讨论的形式，由一组相关方共同参与。在焦点小组讨论中，可以促进不同观点的交流和碰撞，收集多样化的需求，并深入探讨特定问题和主题。

第四，观察和研究。观察和研究是通过观察用户和相关方的实际行为和环境，了解他们的需求和工作流程。通过观察和研究，可以发现隐藏的需求和问题，并提供实际的数据支持。

第五，需求工作坊。需求工作坊是一个集体讨论和协作的活动，旨在收集和整理需求。在工作坊中，可以邀请各方参与，通过小组讨论、角色扮演和头脑风暴等方式，梳理需求、识别优先级和解决矛盾。

第六，需求优先级。需求优先级是指对不同需求的重要性和紧迫程度进行排序和划分。通过与相关方的沟通和协商，可以确定需求的优先级，以便在资源有限的情况下做出明智的决策。

第七，需求文档。需求文档是记录和描述需求的文件或规范。它包括功能需求、非功能需求、用户界面要求、性能要求等。需求文档是与相关方共享和验证需求的重要工具。

（三）需求分析与规划

在需求收集的基础上，须进行需求分析和规划，将需求进行整理、分类和优先级排序。这包括识别关键需求、梳理需求之间的依赖关系、确定需求的优先级和稳定性，以及制订合理的需求计划和时间表。

第一，需求整理和分类。通过对收集到的需求进行整理和分类，可以将它们按照功能、性能、安全性等方面进行归类，以便更好地理解和组织需求。

第二，关键需求识别。在众多的需求中，有些需求对系统或产品的成功至关重要。通过识别关键需求，可以将重点放在满足这些需求上，以确保核心功能和价值的实现。

第三，需求依赖性分析。需求之间可能存在依赖关系，某些需求的实现可能依赖于其他需求的完成。通过分析需求之间的依赖关系，可以确定先后顺序和相互关联的需求组合。

第四，需求优先级排序。根据项目的目标、战略和约束条件，对需求进行优先级排序。这可以帮助确定哪些需求应该在早期实现，以及哪些需求可以在后续阶段进行。

第五，需求的稳定性评估。需求的稳定性指需求是否会随着时间和项目进展的变化而发生较大的变动。评估需求的稳定性有助于确定是否应该对其进行进一步详细规划和实施。

第六，需求计划和时间表。基于需求的优先级和稳定性，制订合理的需求计划和时间表。这可以帮助项目团队进行资源分配、任务安排和进度管理，以确保按时交付满足需求的产品或系统。

（四）需求验证

需求验证是确保需求准确性和一致性的过程。通过与相关方进行反馈和确认，验证需求是否满足他们的期望和需求。这可以通过原型设计、用户验收测试和需求评审等方式进行。需求验证的目的是尽早发现和纠正可能存在的问题，减少后期的调整和修改。

第一，原型设计。通过创建原型或模型，以可视化和实际的方式展示系统或产品的功能和用户界面。原型设计可以帮助相关方更好地理解和验证需求，提供具体的参考和反馈。

第二，用户验收测试。将系统或产品交付给最终用户进行测试和验证。用户验收测试可以验证需求是否满足用户的期望和使用场景，发现潜在的问题和改进的机会。

第三，需求评审。通过与项目团队、相关方和利益相关者的讨论和审查，对需求进行评审和确认。需求评审可以帮助发现需求的不一致性、遗漏或冲突，并提供相应的解决方案。

第四，需求追踪矩阵。建立需求追踪矩阵，将需求与设计、开发和测试等阶段的工作进行关联。需求追踪矩阵可以帮助跟踪需求的实现情况，并确保每个需求都得到验证和满足。

第五，反馈和确认。与相关方进行积极的沟通和反馈，确保需求的理解和准确性。通过与相关方的确认，验证需求是否满足他们的期望，并及时调整和纠正可能存在的问题。

二、合适的数据结构和算法

在计算机软件开发中，选择合适的数据结构和算法对于系统的性能和效率至关重要。了解各种数据结构和算法的特点、时间复杂度和适用场景，并根据具体问题选择最合适的实现方式，是开发高效软件的关键。

（一）数据结构的选择

在软件开发中，数据结构用于组织和存储数据。不同的数据结构具有不同的特点和适用场景。例如，数组适用于随机访问和固定大小的数据集，链表适用于频繁插入和删除操作，哈希表适用于快速查找等。了解不同数据结构的优缺点，并根据问题的需求选择合适的数据结构，可以提高系统的效率和性能。

（二）算法的选择和优化

算法是解决问题的具体步骤和方法。在软件开发中，选择合适的算法对系统的性能至关重要。例如，排序算法中，快速排序适用于大规模数据集，而插入排序适用于小规模或基本有序的数据集。此外，通过对算法的优化，可以进一步提高系统的响应速度和资源利用率。例如，通过使用空间换时间的方法，可以降低算法的时间复杂度。

（三）算法的实现和调优

选择合适的算法后，优化算法的实现是提高系统性能的关键。合理使用数据结构和算法的 API 和功能，避免不必要的内存或计算开销。同时，对算法进行细致的调优，例如，通过减少循环次数、避免重复计算等，可以进一步提高算法的效率。

（四）基于实际问题的分析和优化

在选择数据结构和算法时，需要综合考虑实际问题的特点和要求。对于不同类型的问题，可能需要有针对性地选择特定的数据结构和算法。例如，图算法适用于解决网络相关的问题，字符串匹配算法适用于文本处理等。对问题进行深入分析，结合算法和数据结构的知识，可以找到最优的解决方案。

（五）持续学习和更新

计算机领域的数据结构和算法在不断发展和更新。为了保持竞争力和应对不断变化的需求，开发人员应持续学习和掌握最新的数据结构和算法。参加培训、阅读相关的学术论文和书籍，参与开源社区的讨论，可以帮助开发人员不断提升自己的技能和知识。

三、进行测试和调试

软件开发过程中，进行全面的测试和调试是必不可少的。使用各种测试方法和工具进行单元测试、集成测试和系统测试，以确保软件的功能和性能达到预期。及时发现和修复错误，提高软件的质量和稳定性。

（一）单元测试

单元测试是软件开发过程中的一种测试方法，用于对最小可测试单元进行独立测试，例如，函数、方法或模块。它的目的是验证每个单元的功能是否按照预期工作，并检查代码的正确性和可靠性。

在进行单元测试时，开发人员编写针对每个单元的测试用例，包括各种输入和预期输出的组合。通过执行这些测试用例，开发人员可以检查单元的行为是否符合预期，是否满足设计要求。单元测试通常涵盖了各种正常情况、边界情况和异常情况，以尽可能覆盖不同的代码路径和执行逻辑。

在进行单元测试时通常会使用测试框架和断言库来辅助测试编写和执行。测试框架提供了一组工具和方法，用于组织和执行测试用例，而断言库用于验证实际结果与预期结果是否一致。

（二）集成测试

集成测试是在单元测试之后的一个测试阶段，它的目标是验证多个单元（组件或模块）之间的协作和交互是否正常工作。在集成测试中，将已通过单元测试的独立单元组合在一起，以测试它们在整个系统中的集成和整体功能。

集成测试的主要任务是确保不同单元之间的集成过程是正确的，各个单元之间的接口和数据传递是可靠的。通过模拟真实的系统环境和场景，集成测试可以发现在单元测试阶段未曾发现的问题和错误，例如，接口不匹配、数据传递错误、依赖关系问题等。

集成测试可以按照不同的策略进行，如自上而下集成测试和自下而上集成测试。自上而下集成测试从系统的高层开始，逐步添加和测试下层的单元，以确保整个系统的功能完整性和正确性。自下而上集成测试则从底层的单元开始，逐步添加和测试上层的单元，以验证各个单元的集成过程。

在集成测试过程中，测试人员会设计和执行一系列集成测试用例，以验证不同单元之间的协作和交互。测试用例涵盖了各种场景和情况，包括正常情况、异常情况和边界情况。通过集成测试，可以评估整个系统的集成和整体功能的正确性，发现和解决可能存在的问题和缺陷。

集成测试通常需要使用模拟数据和模拟环境，以确保测试的独立性和可控性。测试人员会记录和跟踪测试结果和问题，与开发团队进行沟通和协调，以确保问题得到及时修复。

通过集成测试，可以验证整个系统的集成和整体功能是否满足预期，减少后续阶段的集成问题和风险，并提高软件的质量和可靠性。它是软件开发过程中不可或缺的一环，帮助确保各个单元之间的协作和交互的正确性和稳定性。

（三）系统测试

系统测试是软件开发的最后阶段进行的全面测试，其目的是验证整个系统的功能、性能和可靠性。系统测试模拟真实的用户场景和使用环境，以确保软件能够在实际运行中正常工作并满足用户的需求。

在系统测试中，测试人员会测试整个系统的各个组件之间的交互和集成。这包括测试用户界面的交互性和易用性，验证数据在系统内的流动和处理是否正确，以及测试系统的错误处理和异常情况的响应能力。系统测试还包括对系统性能的评估，如测试系统在负载情况下的响应时间、吞吐量和资源利用率等。

系统测试的重点是验证整个系统的完整性和一致性。测试人员会根据需求规格和系统设计文档，设计和执行一系列测试用例，以确保系统的各个功能在不同的测试场景下正常运行。这包括功能性测试，用于验证系统的核心功能是否按照规定的要求工作；兼容性测试，用于测试系统在不同平台、操作系统和浏览器上的兼容性；安全性测试，用于评估系统的安全性和防护能力等。

在系统测试过程中，测试人员通常会记录和跟踪测试结果和问题。他们会生成测试报告，将测试结果和发现的问题进行汇总和分析，并与开发团队进行沟通和协调，以确保问题得到及时修复。系统测试还可以与用户进行用户验收测试，以确保系统满足用户的实际需求和期望。

通过系统测试，可以发现和修复系统中存在的缺陷和问题，提高软件的质量和可靠性。它是软件开发过程中至关重要的一环，帮助确保软件的功能完整、性能稳定，并满足用户的需求和期望。

（四）自动化测试

自动化测试是利用专门的工具和脚本来执行测试过程，以减少人工操作并提高测试效率的一种方法。它通过编写脚本和配置测试工具，实现对软件系统的自动化测试。

自动化测试的一个主要优势是它可以覆盖大量的测试用例，并且可以重复执行这些用例。相比于手动测试，自动化测试可以快速执行大量的测试脚本，从而更全面地检查软件的各个功能和模块。这有助于发现隐藏的错误和缺陷，并提高软件的质量和可靠性。

另一个重要的优势是自动化测试可以加快测试速度。由于测试用例是以自动化脚本的形式运行，测试过程可以在较短的时间内完成，而无须手动操作。这样可以大大缩短测试周期，提高测试效率，加快软件的上线速度。

此外，自动化测试还可以帮助及时进行回归测试。当软件代码发生变化时，自动化测试可以迅速执行相关的测试脚本，以验证修改后的代码是否引入了新的问题或导致了已有功能的故障。这有助于捕捉潜在的问题，并确保软件在不断迭代和演进的过程中仍然保持稳定和一致性。

尽管自动化测试具有许多优势，但也需要注意其适用性和限制。不是所有的测试都适合自动化，特别是对于一些复杂的测试场景和用户交互方面的测试。在选择自动化测试时，需要评估测试对象的特点和测试需求，确定哪些测试可以自动化，并制订合适的测试策略和计划。

（五）错误修复和调试

在软件开发过程中，测试是一个关键的环节，它帮助发现与纠正各种错误和问题。测试过程中发现的错误需要开发人员及时修复，以确保软件的质量和稳定性。为了有效地进行错误修复，开发人员可以使用各种调试工具和技术。

一种常用的调试方法是使用日志记录。通过在代码中插入适当的日志语句，可以跟踪程序的执行流程和状态信息。日志记录可以帮助开发人员定位问题所在，并提供有关错误发生的详细信息。开发人员可以根据日志信息追踪错误发生的原因，并进行逐步排查和修复。

断点调试是另一种常见的调试技术。开发人员可以在代码中设置断点，当程序执行到断点处时会暂停，允许开发人员逐行查看程序状态和变量值。通过断点调试，开发人员可以逐步追踪代码的执行，找出错误的具体位置，并进行修复。

性能分析工具也是调试过程中常用的工具之一。性能分析工具可以帮助开发人员评估程序的性能瓶颈和资源消耗情况。通过分析程序的运行时性能指标，开发人员可以找出影响程序性能的问题，并进行相应的优化和改进。

除了以上提到的调试工具和技术，还有许多其他的调试方法和工具可供开发人员使用，如内存调试工具、代码静态分析工具等。根据具体的问题和需求，开发人员可以选择适合的调试工具和技术，以提高错误修复的效率和准确性。

通过仔细的错误修复和调试过程，开发人员可以逐步提高软件的可靠性和用户体验，确保软件能够按照预期的方式运行，并满足用户的需求和期望。

第三节　计算机软件结构化开发策略

计算机软件结构化开发是一种系统化的方法，用于设计、开发和维护软件系统。它强调将软件系统分解为模块化的组件，并通过定义清晰的接口和良好的模块间交互方式来提高软件的可读性、可维护性和重用性。"计算机软件的开发有利于计算机功能的拓展，提升计算机应用领域的价值，带动社会的发展。"①

（一）结构化编程

结构化编程是计算机软件结构化开发的基础。它强调使用结构化的控制流程，如顺序、选择和循环，以及避免使用无限制的跳转语句。结构化编程使程序的逻辑更清晰、易于理解，并降低了程序中出错的可能性。使用结构化编程的技术，如模块化、函数和过程的使用，可以将复杂的问题分解为更小的、可管理的部分，并更好地组织和管理程序代码。

第一，模块化。结构化编程鼓励将程序划分为模块或函数的集合。每个模块负责特定的任务，并通过参数传递和返回值进行通信。这种模块化的方法使得程序更易于理解、测试和维护。同时，模块的复用性也得到提高，可以在不同的项目中重复使用已经编写和测试过的模块。

第二，自顶向下设计。结构化编程强调从高层到低层的逐步设计方法。程序的主要功能从总体上分解为更小的子任务，并在逐步实现和测试的过程中逐步细化。这种自顶向下的设计方法有助于保持代码的清晰性和可读性，并且可以更好地管理程序的复杂性。

第三，控制结构。结构化编程提倡使用顺序、选择和循环等结构化的控制流程。这些控制结构使得程序逻辑更加清晰明确，易于理解和调试。与无限制的跳转语句相比，结构化编程的控制结构减少了程序中出错的可能性，提高了代码的可靠性和可维护性。

第三，编程规范。结构化编程通常倡导一些编程规范和最佳实践，如良好的命名约定、代码缩进和注释等。这些规范有助于统一团队成员的编程风格，提高代码的可读性和可维护性。同时，使用一致的编程规范还有助于团队合作和代码交流。

第四，结构化编程语言。为了更好地支持结构化编程，一些编程语言提供了结构化编程的特性和工具。例如，C语言提供了顺序、选择和循环等控制结构，并支持函数和模块的定义。这些语言的设计使得结构化编程更加方便和有效。

（二）清晰的接口定义

在计算机软件结构化开发中，定义清晰的接口对于模块之间的交互至关重要。接口定义应该明确规定输入、输出和预期的行为，以确保模块之间的正确通信。良好定义的接口有助于降低模块之间的耦合度，使得模块的替换和重用更加容易。同时，接口文档应该详

---

① 瞿华峰，荆方，彭文增，等. 计算机软件开发技术的应用及发展趋势［J］. 石河子科技，2022（3）：22.

细说明模块的使用方式和限制条件，以便其他开发人员能够正确地使用和集成模块。

第一，输入和输出。接口定义应该明确规定模块所接收的输入数据和输出结果。这包括指定输入参数的类型、格式和范围，以及定义返回值的类型和格式。通过明确指定输入和输出，可以确保模块之间的数据传递是正确和一致的。

第二，预期行为。接口定义还应该明确描述模块在接收特定输入时的预期行为。这包括指定模块的功能、处理逻辑和异常情况的处理方式。通过定义预期行为，可以确保模块在与其他模块交互时能够正确地执行其功能。

第三，接口一致性。在多个模块之间定义一致的接口是非常重要的。一致的接口使得模块之间的交互更加可靠和可预测，并且方便了模块的替换和重用。在定义接口时，应该遵循一致的命名约定、数据格式和调用约定，以确保不同模块之间的互操作性。

第四，文档化。接口定义应该详细记录在接口文档中，包括对接口的描述、输入和输出的规范、使用示例和注意事项等。接口文档的编写有助于其他开发人员理解和正确使用模块，提供了一个标准的参考指南。

第五，版本控制。随着软件的演进和更新，接口可能会发生变化。为了确保模块之间的兼容性和稳定性，应该使用版本控制来管理接口的变更。通过适当地记录和追踪接口的版本，可以避免不同模块之间的冲突和兼容性问题。

（三）规范和命名约定

在计算机软件结构化开发中，制定和遵循一系列规范和命名约定对于保持代码的一致性和可读性至关重要。规范包括代码格式化、注释风格、命名规则等。良好的规范和命名约定使得代码易于理解和维护，提高团队协作的效率。通过统一的代码风格，可以减少不必要的混淆和错误，并使代码更具可维护性。

第一，代码格式化。制定统一的代码格式化规范，包括缩进、空格、换行等方面的约定。通过保持一致的代码格式，可以使代码更易读、易理解，并且减少不必要的混淆和错误。

第二，注释风格。定义清晰、有意义的注释规范。注释应该解释代码的意图、实现细节、重要的决策和逻辑。良好的注释可以帮助其他开发人员理解代码的意图和功能，加快代码的维护和调试。

第三，命名规则。制定统一的命名约定，包括变量名、函数名、类名等的命名规则。命名应该具有描述性，能够清晰地反映其用途和功能。良好的命名约定可以使代码更易读、易懂，并提高代码的可维护性。

第四，一致性。在整个项目中保持一致的规范和命名约定非常重要。团队成员应该共同遵守规范，避免个人风格的差异。通过一致的代码风格和命名约定，可以提高团队的协作效率，减少代码审查和集成过程中的冲突。

第五，自动化工具。使用代码规范检查和格式化工具来自动化执行规范检查和代码格式化。这些工具可以帮助团队成员快速发现不符合规范的代码，并进行自动修复。通过使用这些工具，可以确保代码始终符合规范，减少人为错误和争议。

（四）软件工程工具的使用

在计算机软件结构化开发中，合理利用软件工程工具可以提高开发效率和质量。例如，版本控制工具可以帮助团队协作和代码管理；调试器可以帮助定位和修复问题；自动化构建工具可以自动化编译、测试和部署过程。选择适合的工具，并熟练地使用它们，可以提升开发人员的工作效率和软件的质量。

第一，版本控制工具。版本控制工具如 Git、Subversion 等可以帮助团队协作和代码管理。通过版本控制工具，开发人员可以跟踪代码的修改历史、解决冲突、分支管理等。版本控制工具还能提供备份和恢复的功能，保护代码免受意外数据丢失。

第二，编译器和解释器。编译器将高级语言代码转换为机器可执行的代码，而解释器逐行解释和执行源代码。合理选择和使用编译器和解释器可以优化代码的执行效率和资源利用率。

第三，调试器。调试器是一种工具，用于定位和修复代码中的错误。它提供了断点设置、变量监视、单步执行等功能，帮助开发人员逐步跟踪代码的执行过程，并定位错误的根源。

第四，静态代码分析工具。静态代码分析工具可以对源代码进行静态分析，发现潜在的编码错误、不规范的代码风格、安全漏洞等。通过使用静态代码分析工具，可以在早期发现和修复问题，提高代码质量和可靠性。

第五，自动化构建工具。自动化构建工具如 Maven、Gradle 等可以自动化编译、测试和部署过程。通过配置构建脚本，开发人员可以自动执行烦琐的构建任务，减少人为错误，提高开发效率和一致性。

第六，单元测试框架。单元测试框架如 JUnit、PyTest 等可以帮助开发人员编写和执行单元测试。这些框架提供了断言和测试用例管理等功能，帮助开发人员验证代码的正确性和预期行为。

第七，集成开发环境（IDE）。IDE 是集成了多种开发工具和功能的开发环境。它提供了代码编辑器、调试器、编译器等功能，并具有智能代码补全、代码重构、项目管理等功能，提高开发人员的工作效率。

（五）文档和注释

在计算机软件结构化开发中，编写清晰的文档和注释对于代码的可理解性和可维护性至关重要。文档应该包括系统的设计概述、模块的功能描述、接口规范等。注释应该解释代码的逻辑、算法和重要的决策。通过编写良好的文档和注释，可以帮助其他开发人员更好地理解和使用代码，并在需要时进行维护和修改。

第一，设计文档。设计文档应该对系统的整体设计进行概述，包括系统的架构、模块之间的关系和交互，以及主要功能和算法的设计思路。设计文档提供了系统的高层视图，帮助开发人员理解系统的整体结构和设计原则。

第二，模块文档。模块文档对每个模块进行详细描述，包括模块的功能、输入输出、接口规范和关键算法等。模块文档应该清晰地说明模块的用途和使用方法，以及它与其他模块之间的关系和依赖。

第三，接口文档。接口文档定义了模块之间的接口规范，包括输入参数、输出结果和预期行为。接口文档应该明确规定接口的使用方式、限制条件和异常处理，以确保模块之间的正确通信。

第四，注释。注释是在代码中添加的解释性文字，用于解释代码的逻辑、算法和重要决策。注释应该清晰、简明地描述代码的意图和目的，帮助其他开发人员理解代码的执行流程和关键步骤。良好的注释应该包括函数和方法的说明、重要变量的解释、算法的解析等。

第五，文档工具。使用适当的文档工具可以帮助规范和自动化文档的生成与维护过程。例如，使用标记语言（如 Markdown）编写文档可以方便地生成格式良好的文档，并与版本控制系统集成，便于团队协作和更新。

第八章 现代信息技术的发展与应用
——基于智慧城市视角

第一节 智慧城市建设与大数据推动

一、智慧城市建设与发展

(一) 智慧城市的内涵与理念

1. 智慧城市的内涵

智慧城市有广义和狭义两种理解:广义上的智慧城市是指以"发展更科学,管理更高效,社会更和谐,生活更美好"为目标,以自上而下、有组织的信息网络体系为基础,使得整个城市具有较为完善的感知、认知、学习、成长、创新、决策、调控能力和行为意识的一种新型城市的新常态;狭义上的智慧城市概念指的是以物联网(IoT)为基础,通过物联化、互联化、智能化方式,让城市中各个功能彼此协调运作,以智慧技术高度集成、智慧产业高端发展、智慧服务高效便民为主要特征的城市发展新模式,其本质是更加透彻的感知、更加广泛的互联、更加集中和更有深度的计算,为城市的管理与服务运行植入智慧的基因。

智慧城市建设应统筹城市发展的物质资源、信息资源和智力资源利用,推动物联网、云计算、大数据等新一代信息技术创新应用,实现与城市经济社会发展深度融合。强化信息网络、数据中心等信息基础设施建设。促进跨部门、跨行业、跨地区的政务信息共享和业务协同,强化信息资源社会化开发利用,推广智慧化信息应用和新型信息服务,促进城市规划管理信息化、基础设施智能化、公共服务便捷化、产业发展现代化、社会治理精细化。增强城市要害信息系统和关键信息资源的安全保障能力。

随着信息化在我国国民经济和社会各领域的应用效果日渐显著，政府信息化以智慧政府内外网建设促进政府的管理创新，实现网上办公、业务协同、政务公开。农业信息服务体系不断完善，应用信息技术改造传统产业不断取得新的进展，数字技术应用大大提升了城市信息化在市政、城管、交通、公共安全、环境、节能、基础设施等方面现代化的综合管理水平。社会信息化在科技、教育、文化、医疗卫生、社会保障、环境保护、智慧社区，以及电子商务与现代物流等领域发展势头良好。产业信息化在新能源、交通运输、冶金、机械和化工等行业的信息化水平逐步提高。传统服务业向现代服务业转型的步伐加快，信息服务业蓬勃兴起。

2. 智慧城市的理念

智慧城市的基本理念是：在一个城市中将政府信息化、城市信息化、社会信息化、产业信息化"四化"融为一体，通过网络化、物联化、智能化技术应用，整合整个城市所涉及的综合管理与公共服务信息资源，包括地理环境、基础设施、自然资源、社会资源、经济资源、教育资源、旅游资源和人文资源等，以数字化的形式进行采集和获取，并通过智慧城市大平台和大数据进行统一的存储、优化、管理、展现、应用。实现城市综合管理和公共服务信息的互联互通、数据共享交换、业务功能协同。为科学化建设新型城镇、促进智慧城市和信息消费，建设美丽城市、智慧城市、可持续发展城市提供强而有力的手段和支撑。

（二）智慧城市建设的范围

1. 智慧政府

我国智慧城市的建设始于政府信息化。智慧政府的核心是电子政务内外网和公共协同服务平台的建设，其目的就是通过电子政务促进政府管理的改革和创新。政府管理创新从本质来讲就是以国家之力来推动我国政府信息化建设，以提高我国政府的管理能力和服务能力，提升国家在国际社会中的竞争力。从这个意义上讲，推动电子政务促进政府管理创新，促进政府信息化建设意义重大。智慧城市实施智慧政府信息化应以网上行政审批、网上电子监察、网上绩效考核为突破口，以建设电子政务外网为基础，以在一个城市范围内建立政府公共服务体系为目标，重点实现政府各业务单位和部门之间的信息互联互通与数据共享，以此来大力推进政府信息化的建设和发展。

实现智慧政府信息化的重大意义如下：

（1）推动政府信息化，可以促进我国的改革开放和加快我国经济更好地与世界经济融为一体。通过构建政府信息化，推动电子政务，改变政府管理机制，提高政府管理的透明度、公开性，提高政府管理的效率等，可以使政府管理存在的问题得到更好的解决，这对提升政府管理水平和服务能力，对政府管理适应我国改革开放带来的一系列的挑战意义重大。

（2）通过推动政府信息化构建电子政府，可以提高政府决策的科学性、及时性、有效性，从而减少大量的重复建设，减少大量的财政资金浪费，这对于政府管理意义重大。

（3）通过推动政府信息化构建电子政府，可以真正提高公共服务的质量，提高政府的服务水平，增强政府的服务能力，促进管理型政府向服务型政府的转化。推动政府信息化，给企业、公众在网上提供一站式的服务、在线服务，不仅可以大大地减少政府的办事时间，而且能够提高它的公开性、透明度，这对于改善政府的公共服务、改善政府和公众的关系、提升政府的形象意义重大。

（4）通过推动政府信息化、打造电子政府，可以实现资源共享，降低政府的行政管理成本。电子政务的核心即信息互联互通，数据和资源共享，网络融合，管理与服务协同。通过对信息的有效管理、高效处理，提高信息资源的共享程度，可以给国家降低大量的管理费用和节省人力。

（5）通过推动政府信息化，构建电子政府，能够提高公务人员的整体素质。增强政府信息化，电子政务的支持，开阔视野，改变观念，提高信息化技能，这对提高我国政府公务员的整体素质具有深远意义。

2. 智慧治理

目前，智慧城市管理已经从"数字城管"扩大到一个城市综合治理"大城管"的概念，涵盖了城市的市政管理、市容管理、公共安全管理、交通管理、公共及基础设施管理、水电煤气供暖管理、城市"常态"下事件的处理和"非常态"下事故的应急处置与指挥等。实行智慧城市管理后，城市的每一个管理要素和设施都将有自己的数字身份编码（物联网），并被纳入整个智慧城市综合管理平台数据库中。智慧城市综合管理平台通过监控、信息集成、呼叫中心等数字化技术应用手段，在第一时间内将城市管理下的"常态"和"非常态"各类信息传送到城市综合监督与管理中心，从而实现对城市运行的实时监控和科学化与现代化的管理。

智慧城市实施城市信息化以数字城管为起点，以建设城市级综合监控与管理信息中心为基础，重点实现城市在市政、城管、交通、公共安全、环境、节能、基础设施等方面信息的互联互通与数据共享。以在一个城市范围内建立数字化与智能化的城市综合管理体系为目标，以此来大力推进城市信息化的建设和发展。

实现智慧城市治理信息化的重大意义如下：

（1）智慧城市管理代表了现代城市管理的发展方向。随着经济、社会的发展，城市管理必然要从过去那种粗放式管理走向精细化管理；从过去的行政管理转型到依法管理；从过去那种临时性、突击性的"堵漏洞式"的管理转到常态的、经常性的长效管理；从过去那种被动地处理转到主动地去发现问题和解决问题。要达到上述目的，就必须推进智慧城市治理，真正使政府治理城市及处理问题的能力从低效迟钝转向高效廉洁，进一步强化政府的社会管理和公共服务职能。可以说，数字化管理是建立城市管理长效机制的必经之路。

（2）智慧城市治理充分体现了以人为本的先进观念。城市是全体市民的，所以，城市管理一定要有基本的立足点，就是要为广大市民服务，尊重广大市民的意愿，使市民反映的城管问题和生活中的诸多不便等"琐事"，通过数字化管理系统这个纽带成为政府案头的大事。激发居民参与城市管理的热情，形成市民与政府良性互动、共管城市的格局，并以此密切党和政府同人民群众的血肉联系，为构建和谐社会打下坚实基础。同时，对于党政部门转变执政理念和执政方式，提高执政能力和执政水平，都将会产生巨大的影响和发挥积极的促进作用。

（3）智慧城市治理可提高管理效率和降低管理成本。智慧城市管理系统涵盖了众多部门的工作内容，可实现各部门信息资源共享，能实现城市管理信息快速传递、分析、决策和处理，可以大大提高工作效率。由于城市管理人员监督范围扩大，可以节约人力、车辆等巡查成本。由于问题定位精确、决策正确、处置准确，能克服多头处理、重复处理等弊端，单项事件处理成本大大降低。这不仅可以提高城市管理效率，同时也建立了一套对各部门工作绩效进行科学考核的评价体系。

3. 智慧民生

智慧民生是智慧城市建设的基本内容。通过智慧城市社会民生综合服务信息化平台和电子政务外网搭建起政府与服务业、城市商业与企业、城市服务业相互之间的信息互联互通数据共享的平台。大力发展城市"市民卡"、电子商务、现代物流和社区信息化。以智慧城市社会民生服务信息化平台，整合市民卡、智慧社区、智慧医疗、智慧教育、智慧养老、智慧旅游、智慧生态环境、智慧商务与物流，以及网络增值服务、连锁经营、专业信息服务、咨询中介等新型服务业内的信息资源，实现信息互联互通数据共享，打造以智慧城市为代表的现代服务业新模式和新业态。

现代服务业是指在工业化比较发达的阶段产生的、主要依托信息技术和现代管理理念发展起来的、信息和知识相对密集的服务业，包括由传统服务业通过技术改造升级和经营模式更新而形成的服务业，以及随着信息网络技术的高速发展而产生的新兴服务业。智慧城市现代服务业发展的模式，就是要坚持服务业的市场化、产业化、社会化的方向原则，实现真正意义上的互联互通，让服务提供商能够高效率、低成本地满足客户的需求。智慧城市实施社会信息化应以城市"市民卡"运用为前导，以建立城市社会化公共服务体系为基础，实现智慧民生等方面信息的互联互通与数据共享。以共性支撑、横向协同、创新模式、促进民生产业发展为原则，大力推进城市现代服务业的发展。

城市现代服务业的发展应遵循以下原则：

（1）共性支撑就是在充分利用和集成社会存量服务资源的基础上，实施基础性、关键性的共性技术支撑。尤其是形成面向业务重组的服务标准和服务交互标准，为服务模式的创新和新业态的形成提供基础环境，占领现代服务业的制高点。

（2）横向协同就是要在以往以行业为主导的纵向发展模式的基础上，按照市场化、社会化和产业化的原则，充分利用现代技术和管理手段，通过横向协同突破行业、区域的条块分割，为现代服务业协调发展提供示范。

（3）创新模式就是要在共性支撑的基础上，形成新的实物和非实物交易的商务流程，达到信息流、金融流、实物流和内容流的融合和协同；同时优选重点领域，实施有效益和可持续发展的应用示范工程，充分体现服务业态的创新。

（4）促进民生产业发展，以需求为导向，以服务型企业为主体，政、产、学、研结合，通过服务技术和服务交互的标准化，形成有效的社会第三方服务，建立现代服务业长期发展的研究和开发支撑体制，加快现代服务业产业链的形成。

4. 智慧产业

以信息化带动工业化是智慧城市建设的重要内容。以信息化带动工业化，以工业化促进信息化，走出一条科技含量高、经济效益好、资源消耗低、环境污染少、人力资源优势得到充分发挥的新型工业化道路，这是我国工业化和整个国家现代化的战略选择。

工业化和信息化是两个性质完全不同的社会发展过程。工业化，一般以大机器生产方式的确立为基本标志，是由落后的农业国向现代工业国转变的过程；信息化指加快信息技术发展及其产业化，提高信息技术在经济和社会各领域的推广应用水平的过程。总体上讲，在现代经济中工业化与信息化的关系是：工业化是信息化的物质基础和主要载体，信息化是工业化的推动"引擎"和提升动力，两者相互融合，相互促进，共同发展。

信息化带动工业化，就是要以智慧城市的建设来带动和推进企业的信息化，整合政府信息化、城市信息化、社会信息化的信息资源。以政府信息化为先导，以社会信息化为基础，走出一条以智慧城市为平台推进整个产业信息化发展的思路和策略。

信息化带动工业化的核心是产业信息化。产业信息化是指利用计算机、网络和通信技术，支持产业及企业的产品研发、生产、销售、服务等诸多环节，实现信息采集、加工和管理的系统化、网络化、集成化，信息流通的高效化和实时化，最终实现全面供应链管理和电子商务。产业信息化的水平直接决定了国民经济以信息化带动工业化的成败和产业及企业竞争力的高低，是我国目前经济发展的战略重点。企业作为国民经济的基本细胞和实现信息化、工业化的载体，其信息化水平既是国民经济信息化的基础，也是信息化带动工业化，走新型工业化和智慧制造发展道路的核心所在。

智慧城市实施产业信息化应以电子商务为龙头，以在一个城市范围内建立电子商务和现代物流体系为基础，以此来促进和带动当地产业的信息化建设和发展。智慧产业信息化建设要注重以下四个方面：

（1）产业应当提高从领导至全体员工的信息化意识，系统地了解信息化建设的知识，从产业发展的战略高度认识信息化的重要性，提高产业信息化建设的内在主动性。

（2）产业在信息化建设过程中，要结合实际，循序渐进、量力而行。每个产业及企业都有自己的特点，其信息化建设也应该"量体裁衣"，不能盲目跟风。

（3）产业信息化建设，要引进先进的管理理念，建立与先进的管理思想相一致的企业文化，使其不仅是先进的管理程序和手段，实际上也体现了先进的管理理念和管理思想。

（4）产业发展，应当抓紧培养和引进一批既善于经营管理又懂现代信息技术，还具有先进管理理念的复合型人才；与此同时，建立完善用人机制，以便留住产业及企业需要的信息化人才。

（三）智慧城市建设的目标

新型智慧城市建设以网络中心、数据中心、运管中心、通用功能平台"三中心一平台"四位一体为信息基础设施。基于信息栅格、云计算、物联网、大数据等新一代信息技术创新应用，构建跨省市县、跨领域、跨行业、跨部门的全国信息资源共享体系和建设全国一体化的国家大数据中心，强化信息资源社会化开发利用，实现与城市及社会治理和经济发展全面深度融合。

新型智慧城市建设以为民服务全程全时为目标，构建清廉的、全面的、高效的、均等化的智慧民生服务体系；实现社保、医疗、健康、养老、教育、就业、公共安全、食品药品安全、社区服务，家庭服务等智慧民生服务信息的互联互通，数据共享，服务协同。

新型智慧城市建设以城市治理高效有序为目标，构建城市治理体系和提升治理能力的现代化。信息是城市治理的重要依据，发挥信息在治理进程中的重要作用，以信息化推进城市治理体系和治理能力的现代化，构建一体化城市治理平台。

新型智慧城市建设以数据开放共融共享为目标，构建政务信息资源共融共享体系和各级政府信息资源共享平台。将法人、人口、经济、地理信息、政务、治理、民生、经济等基础数据进行大数据"总和"，实现信息互联互通和数据共享交换的共融共享。智慧政务大数据具有对数据结构各异的数据进行分类、清洗、抽取、挖掘、分析、汇集、共享、交换的功能。

新型智慧城市建设以经济发展绿色开源为目标，构建生态环境、绿色低碳、海绵城市、循环经济、可持续发展体系；将绿色经济发展与环境保护、绿色低碳、空气质量监测、能耗监测、循环经济和可持续发展结合为一体；实现环境保护、绿色低碳、海绵城市、能源管理、循环经济等信息互联互通和数据共享交换。

（四）智慧城市建设的要素

新型智慧城市建设的核心要素可以概括为"六个一"系统工程。

1. 构建开放的体系架构

新型智慧城市是一个复杂巨系统，需要遵循体系建设规律，运用系统工程方法，构建开放的体系架构，通过"强化共用、整合通用，开放应用"的思想，指导各类新型智慧城市的建设和发展。

2. 构建共性基础"一张网"

为了实现城市的精确感知、信息系统的互联互通和惠民服务的无处不在，要构建一张天地一体化的城市信息服务栅格网，夯实新型智慧城市建设的基础。

3. 建立通用功能平台

为有效管理城市基础信息资源，提高系统的使用效率，需要构建一个通用功能平台，实现各类信息资源的调度管理和服务化封装，进而支撑城市管理与公共服务的智慧化。

4. 建立数据体系

海量数据是新型智慧城市的特有产物，要建立一个开放共享的数据体系，通过对数据的规范整编和融合共用，实现并形成数据的"总和"，进而有效提高决策支持数据的生产与运用，进一步提升城市治理的科学性和智能化水平。

5. 建立高效的运营管理中心

为更好地实现对城市的市政设施、公共安全、生态环境、宏观经济、民生民意等状况的有效掌握和管理，需要构建新型智慧城市统一的运行中心，实现城市资源的汇聚共享和跨部门的协调联动，为城市高效精准管理和安全可靠运行提供支撑。

6. 建立统一的标准体系

标准化是新型智慧城市规范、有序、健康发展的重要保证，需要通过政府主导，结合各城市特色，分类规划建设内容及核心要素，建立健全涵盖"建设、改革、评价"三方面内容的标准体系。

（五）智慧城市的发展蓝图

第一，一体整合大平台。一体整合大平台是构成新型智慧城市政务信息资源和社会信息资源互联互通的共享平台。运用信息栅格开放的体系架构，采用以"平台为中心"的分级分类的总体结构；以城市级共享信息一级平台为核心，形成与行业级二级平台、业务级三级平台的分级和政府政务、城市社会治理、社会民生、企业经济的分类的数据与信息紧密相连的智慧化信息资源共享体系，为构建全国一体化的国家大数据中心奠定基础。

第二，共享共用大数据。共享共用大数据是构成新型智慧城市政务大数据和社会大数据采集、存储、应用的共享交换平台。

第三，安全可控大网络。安全可控大网络是构成新型智慧城市"天地一张栅格网"的网络融合与安全中心。运用信息栅格开放的体系架构，采用以"网络为中心"的分级分类的总体结构；以城市级互联网为基础，形成与各级政府电子政务内网和电子政务外网的分级和政府政务、城市社会治理、社会民生、企业经济的分类的数据与信息紧密相连的网络融合与安全可控一体化的大网络体系。

第四，协同联动大系统。新型智慧城市协同联动大系统建设以跨部门、跨地区协同治理为新型智慧城市系统工程建设的主要形态，建成执政能力、民主法治、综合调控、市场监管、公共服务、公共安全等大平台、大数据、大网络的协同联动的大系统体系。形成国家协同治理的新格局，满足跨部门、跨地区综合调控、协同治理，一体服务需要，支撑国家治理创新取得突破性进展。

第五，"三中心一平台"信息基础设施。新型智慧城市网络融合与安全中心、大数据资源中心、运营管理中心、信息共享一级平台，即"三中心一平台"是新型智慧城市"六个一"核心要素的具体实现。"三中心一平台"是打通"信息壁垒"，消除"信息孤岛"，避免重复建设的信息基础设施，是解决网络融合与安全，信息互联互通、数据共享交换，业务协同联动的根本方法和措施。

二、智慧城市技术体系的总体框架

智慧城市技术作为解决城市发展问题的重要手段，以物联网、云计算等新一代技术为核心的建设理念，通过全面而透明地感知信息、广泛而安全地传递信息、智慧而高效地处理信息，有利于提高城市管理与运转效率，有利于提升城市服务水平，有利于促进城市的可持续、跨越式发展。以此构建新的城市发展形态，使城市自动感知、有效决策与调控，让市民感受到智慧城市带来的智慧服务和应用。

智慧城市技术最顶层是服务对象，具体包括了社会公众、企业用户和城市管理决策用户。不同的访问渠道将以服务对象为中心，统一在一起，实现多渠道统一接入。最底层是外围的自然和社会环境，是整个参考模型的数据采集源。

（一）物联感知层体系

智慧城市的物联感知层主要提供对环境的智能感知能力，通过物联网技术为核心，通过芯片、传感器、射频识别、摄像头等手段实现对城市范围内基础设施、环境、建筑、安全等方面信息的识别、采集、监测和控制。其中主要的技术有射频识别技术、传感技术和智能嵌入技术。

第一，射频识别技术。射频识别系统通常由电子标签和阅读器组成，电子标签内存有一定格式的标识物体信息的电子数据，是未来几年代替条形码走进物联网时代的关键自动识别技术之一，该技术具有一定的优势：能够轻易嵌入或附着，并对所附着的物体进行追踪定位；读取距离更远；存取数据时间更短；标签的数据存取有密码保护，安全性更高。

第二，传感技术。传感技术用于从自然信源获取信息，并对其进行处理（变换）和识别传感器负责实现物联网中物与物、物与人、人与人之间的信息交互。传感技术作为一种全新的信息获取和处理技术，利用压缩、识别、融合和重建等多种方法来处理信息，以满足无线多媒体传感器网络多样化应用的需求。

第三，智能嵌入技术。智能嵌入技术以应用为中心，以计算机技术为基础，并且软硬件可裁剪，适用于应用系统对功能、可靠性、成本、体积、功耗有严格要求的专用计算机系统。它一般由嵌入式微处理器、外围硬件设备、嵌入式操作系统以及用户的应用程序四个部分组成，用于实现对其他设备的控制、监视或管理。

（二）网络通信层体系

智慧城市网络通信层的主要目标是建设普适、共享、便捷、高速的网络通信基础设施，为城市级信息的流动和共享提供基础。本层重点是互联网、电信网、广播电视网以及三网之间的融合，从而建设城市级大容量、高带宽、高可靠的光网络和全城覆盖的无线宽带网络。从技术角度而言，智慧城市网络通信层要求具有融合、移动、协调、宽带、泛在的特性。

第一，融合。要在"三网融合"的基础上，开展技术融合、业务融合、行业融合、终端融合及网络融合。目前更主要的是应用层次上互相使用统一的通信协议。IP 优化光网络就是新一代电信网的基础，是三网融合的结合点。

第二，移动。利用 GSM/GPRS、WLAN、4GTD-LTE 等宽带无线接入技术建成覆盖全地区的无线接入网，实现全部公共城市、企业、家庭、校园的无线网覆盖，实现时时刻刻、无处不在的无线移动网络应用。

第三，协调。无线接入网基站建设应考虑与 GSM、4G 及 5GTD-LTE 的建设相协调，避免后期多次选站、多次协调。

第四，宽带。打造城市光网，统一采用"综合业务接入点+主干光缆+配线光缆+末端光缆+驻地网"的模式进行规划和建设；加快智慧城市光网和光纤到户的发展，加速宽带发展，使市民进入智慧宽带的时代，满足家庭和个人的互联网、IPTV、高清电视、VOIP、视频监控等高带宽服务，实现全城的光网络覆盖，全部家庭的光纤接入。

第五，泛在。采用传感器、射频识别技术、全球定位系统等技术，构建泛在的物联网，实时采集任何需要监控、连接、互动的物体或过程，采集其声、光、热、电、力学、化学、生物、位置等各种需要的信息，通过各类可能的网络接入，实现物与物、物与人的泛在连接，实现对物品和过程的智能化感知、识别和管理。

（三）数据及服务支撑层体系

智慧城市的数据及服务支撑层是智慧城市建设的核心内容，通过本层实现城市级信息资源的聚合、共享、共用，并为各类智慧应用提供支撑。数据和信息已被认为是城市物质、智力之外的第三类重要的战略性资源，数据融合和信息共享是支撑城市更加"智慧"的关键。云计算、大数据等技术的应用在本层中起到了关键的技术支撑作用。

1. 数据资源

城市的数据资源包括城市基础信息资源、共享交换信息资源、应用领域信息资源、互联网信息资源和各相关行业部门根据各自需求建立的相关数据库，以及 IDC（或数据中心）、安全基础设施等。

（1）基础信息资源是指智慧城市建设需要的基本信息，内容涵盖人口基础信息库、法人单位基础信息库、自然资源和空间地理基础信息库、宏观经济信息数据库"四库"在内的基础数据。

（2）共享交换信息资源是指需要跨部门和系统进行共享的信息资源，利用统一的数据共享交换标准体系，规范整合各类数据资源，实现跨地域、跨部门、跨层次的综合信息共享，同时提供完善的权限管理机制及对共享数据的更新和维护机制，实现对共享数据的及时更新。

（3）应用领域信息资源是指业务专用信息资源，将同一应用领域不同类型的数据进行规范、整合，形成该应用领域的数据资源体系，并对外提供统一的数据共享和信息服务，支持综合分析和判断，以实现全方位管理城市的目标。

（4）互联网信息资源覆盖了城市生活的方方面面，构成了一个信息社会的缩影，支持对互联网承载信息高度智能化的整合处理，实现对资源的充分利用。

2. 数据融合

从数据处理的层面看，数据融合包括海量数据汇聚与存储、数据融合与处理、智能挖掘分析及虚拟数据视图。

（1）海量数据汇聚与存储对整个智慧城市的数据系统而言十分重要，因为智慧城市要实现"智慧"运作，需要对分布的、海量的数据进行汇聚、处理、分析。

（2）数据融合与处理包括对各种信息源给出的有用信息的采集、传输、综合及过滤，处理和协调多信息源、多平台和多用户系统的数据信息，保证数据处理系统各单元与汇集中心间的连通性与及时通信。

（3）智能挖掘分析是指对海量的城市数据进行自动分析、分类、汇总、发现，描述数据中的趋势，标记异常，等等，从而将获取的有用信息和知识运用于应用领域信息资源。

（4）虚拟数据视图是指一个拥有完整数据（信息）集合的主体所面对的世界的一个数字化映像。对于一个主体所拥有的信息总集合，可以从不同的角度提取信息的子集，这些子集相当于信息总集合所构成的虚拟世界在某一个特定维度上的投影。当建立了虚拟世界的一个外部映像之后，能够逐层构建出其他更加丰富的应用。这些应用可以从不同的角度进行分类和构建，如围绕时间维度的应用、围绕空间维度的应用、围绕不同实体维度的应用等。

3. 服务融合

服务融合的主要作用是通过对下层提供的各类数据资源和应用系统资源进行统一的服务化封装、处理及管理，为构建上层各类智慧应用提供统一支撑平台。服务融合处于智慧城市总体参考模型的中上层，具有重要的承上启下的作用，主要通过面向服务架构 SOA来实现，为上层应用提供的服务模式可以是云服务。本部分除了 SOA 技术及云计算技术两方面通用技术之外，主要还包括服务开发、服务管理、协同处理和城市共性业务服务。

（1）服务开发为服务开发商提供了从开发、调试到部署的服务开发全流程支持，能提高服务开发商的交付质量和交付能力，降低交付成本，促进业务产品与技术平台相分离。

（2）服务管理以服务对象为中心，对所有服务资源进行重组，并对平台内服务的运行进行维护、管控和治理。

（3）协同处理建立在分布式计算和数据共享的基础上，可以方便地进行业务部署和开通，快速发现和恢复系统故障，通过自动化、智能化的手段实现大规模系统的可靠运营。

（4）城市共性业务服务在数据和服务融合的基础上，提供面向城市级的公共、共性信息类服务，包括位置服务、视频点播服务、社交网络服务、虚拟现实服务等，为城市级公共服务及各领域智慧应用建设提供统一支撑。

（四）智慧应用层体系

在智慧城市的技术参考模型中，应用层主要是指在物联感知层、网络通信层、数据及服务支撑层基础上建立的各种智慧应用。智慧应用端是数据具体领域的业务需求，对及时掌握的各类感知信息进行综合加工和智能分析，借助统计、分析、预测、仿真等手段所构建的智慧应用体。通过发展支撑性智慧产业，确保政府、企业、公众的目的和意愿得到充分落实，为政府、企业和个人提供更加精细化、智能化的服务应用层的建设可以促进各行业信息化和智慧化的发展，比如，智慧政务、智慧交通、智慧教育、智慧医疗、智慧家居、智慧园区等，为社会公众、企业用户、城市管理决策用户等提供整体的信息化应用和服务，促进城市实现智能化运行、高效的社会管理和普适的公共服务，同时可以带动城市的现代化产业体系发展。

（五）安全保障体系

智慧城市建设需要完善的信息安全保障体系，以提升城市基础信息网络、核心要害信息及系统的安全可控水平，为智慧城市建设提供可靠的信息安全保障环境。从技术角度看，信息安全保障体系的重点是构建统一的信息安全保障平台，实现统一入口、统一认证，涉及各横向层次。

1. 建立全程访问控制机制

访问控制机制是信息系统中敏感信息保护的核心，信息系统安全保护环境的设计策略，应"提供有关安全策略模型、数据标记以及主体对客体强制访问控制"的相关要求。基于"一个中心支撑下的三重保障体系结构"的安全保护环境，构造非形式化的安全策略模型，对主客体进行安全标记，并以此为基础，按照访问控制规则实现对所有主体及其所控制的客体的强制访问控制。安全管理中心统一制定和下发访问控制策略，在安全计算环境、安全区域边界、安全通信网络实施统一的全程访问控制，阻止对非授权用户的访问行为以及授权用户的非授权访问行为。

2. 加强终端防护控制

终端是一切不安全问题的根源，终端安全是信息系统安全的源头。如果在终端积极防御、综合防范，努力消除不安全问题的根源，那么重要信息就不会从终端泄露出去，病毒、木马也无法入侵终端，内部恶意用户更是无法从网内攻击信息系统。如此，防范内部用户攻击的问题迎刃而解。安全操作系统是终端安全的核心和基础，如果没有安全操作系统的支撑，终端安全就毫无保障。实现基础核心层的纵深防御需要高安全等级操作系统的支撑，并以此为基础实施深层次的人、技术和操作的控制。

3. 构建安全应用支撑平台

城市的信息系统不仅包括单机模式的应用，还包括 C/S 和 B/S 模式的应用。虽然很多应用系统本身具有一定的安全机制，如身份认证、权限控制等，但是这些安全机制容易被篡改和旁路，致使敏感信息的安全难以得到有效保护。另外，由于应用系统的复杂性，修改现有应用也是不现实的。因此，在不修改现有应用的前提下，需要以保护应用的安全为目标，构筑安全应用支撑平台。

采用安全封装的方式可实现对应用服务的访问控制。应用服务的安全封装主要由可信计算环境、资源隔离和输入输出安全检查来实现。通过可信计算的基础保障机制建立可信应用环境，通过资源隔离限制特定进程对特定文件的访问权限，从而将应用服务隔离在一个受保护的环境中，不受外界的干扰，确保应用服务相关的客体资源不会被非授权用户访问。输入输出安全检查截获并分析用户和应用服务之间的交互请求，由此防范非法的输入和输出。

（六）建设管理体系

智慧城市的建设管理体系是智慧城市建设顺利推进的重要保障，包括建设、运行和运营管理三个方面，确保城市信息化建设促进城市基础设施智能化、公共服务均等化、社会管理高效化、生态环境可持续以及产业体系现代化，以全面保障智慧城市规划的有效实施。

从技术角度，城市信息基础设施和信息资源的建设与使用宜采用开放的体系结构，通过建立以信息资源汇聚处理和公共服务为核心的城市运行平台，以开放的标准促进各系统互联互通，为智慧城市建设提供运营和运行管理服务，涉及参考模型中的各横向层次。智慧城市运营和运行管理体系的目标是确保智慧城市建设的长效性，可为政府、服务提供商开展各种服务提供一个开放的信息资源平台集群，从而带动城市服务产业的发展。

从智慧城市建设管理质量保障角度，宜制订中远期规划，加强前期规划，系统布局，分步实施，加强对资金投入的预算管理，特别是科学开展软件及信息技术服务部分的成本度量，确保投入充足资金的同时提高资金使用效率。在建设期，要配套完善、独立的工程质量保障体系，严格审查建设单位的资质，优先选择经过行业协会等独立第三方评定的具有优秀质量胜任力的建设单位。相比传统的信息化，智慧城市建设强调对城市公共、基础信息的服务化开发利用和市场化运营，这是智慧城市建设管理体系中需要探索创新的关键内容。同时，智慧城市建设需要从城市角度考虑各类项目的规划、设计、实施、管理、运营、质量保障和测试评价，从标准角度提供过程、方法和管理类规范以供支撑。

三、智慧城市大数据建设及其体系

（一）智慧城市大数据的界定

1. 智慧城市大数据规划是智慧城市建设的重要内容

制订智慧城市大数据规划，就是为了避免在智慧城市建设中产生"数据孤岛"和"信息孤岛"。为此，必须建立大数据资源管理的基础标准。大数据资源规划过程就是建立数据标准的过程，从而为整合数据与信息资源，实现智慧城市的大数据、大平台、大网络、大智慧奠定坚实的基础。大数据、大平台、大网络是智慧城市信息化建设的一个整体。大平台是大数据共享与应用的基础和环境。大网络是大数据传输的通道和安全保障。智慧城市顶层规划应体现"三大体系"之间的物理与逻辑关系和应用及功能的协同关系。大数据资源规划包括数据模型（功能模型、数据模型、架构模型等）和数据标准体系（知识数据、经验数据、过程数据、数据元素数据分类、数据可视化等）。建立支撑智慧城市大数据、大平台、大网络之间标准化、集成化和一体化相互融合的、互联的、共享的、安全的标准体系。智慧城市大数据规划完美体现大数据建设的蓝图。

2. 大数据是提升智慧城市发展和政府治理能力的新途径

通过智慧城市大数据应用揭示传统技术方式难以展现的关联关系，推动智慧城市数据的开发共享应用，促进智慧城市大数据融合和社会资源的整合，极大提升智慧城市整体数据分析能力，为有效处理复杂城市和社会问题提供新的手段。建立"用数据说话、用数据决策、用数据管理、用数据创新"的管理机制，实现基于数据的科学决策，全面推动智慧城市管理理念和民生服务的大进步，加快建设与社会主义市场经济体制和中国特色社会主义事业发展相适应的法治城市、创新城市、廉洁城市和服务城市，逐步实现智慧城市政府、管理、民生产业的现代化、信息化和智慧化。

智慧城市大数据规划应用数据采集、数据抽取、深度挖掘、智能分析和信息集成技术，充分开发和利用智慧城市数据和信息资源，实现大数据、大平台、大网络、大智慧，全面发挥大数据在智慧城市综合管理与综合服务方面的作用和能力。智慧城市大数据规划满足政府政务、城市管理社会民生、企业经济各领域、各行业、各业务、各应用的各级各类数据库的规划、设计、建设和应用。大数据规划涵盖智慧城市的顶层规划、专项规划、工程设计、技术应用、系统集成、工程建设、运营服务等，充分有效整合政务管理、城市管理、民生服务、企业经济自下而上的数据和信息资源，全面支撑智慧城市管理与服务的高效运行。智慧城市大数据规划以建立统一的大数据体系，以大数据、大平台、大网络的充分融合为目标，实现智慧城市大数据的共享交换与信息的互联互通，消除"数据孤岛"和"信息孤岛"。统一构建智慧城市大数据体系，建立数据采集、抽取、挖掘、分析，以及各级各类数据库建设的标准规范。以智慧城市一级平台为城市级信息互联互通与数据共享交换的核心，形成城市级的数据与信息紧密结合的一体化应用的整体。全面提升智慧城市高效、互联、共享、协同管理与服务的能力。

智慧城市大数据规划以大数据体系规划为基础，通过城市级大数据库、行业级主题数据库、业务级数据库分级；过程数据、经验数据、知识数据分类构建智慧城市大数据体系。支持制定大数据标准、数据结构、元数据、数据集、数据解析、交换格式等。提供智慧城市企业标准联盟内数据标准化及各级各类数据自治域之间，以及数据自治域与相应各级信息平台之间数据共享交换的方法论。统一各专项标准数据自治域和标准化数据的应用。智慧城市大数据规划在大数据应用分类、大数据技术分类、大数据体系规划、城市级大数据库规范、行业级主题数据库规范、业务级应用数据库规范以及大数据资源中心设计中，应遵循《智慧城市系列标准》先导性标准中的《智慧城市建设指南》《智慧城市信息互联互通与数据共享交换规范》的有关规范和要求。

（二）智慧城市大数据的目标

1. 以信息互联与数据共享为目标

城市级的信息互联互通与数据共享交换是智慧城市大数据建设的根本任务。须满足智慧城市数据整合和信息集成的需要，以实现分层分类数据体系和三级信息平台体系之间信息互联与数据共享的目标；制定智慧城市大数据标准、数据结构、元数据、数据集、数据解析、交换格式等；提供智慧城市企业标准联盟内数据标准化及各级各类数据自治域之间，以及数据自治城与相应各级信息平台之间数据共享交换的方法论；制定智慧城市各级信息平台和数据库体系统一的信息互联互通与数据共享交换的规范，实现智慧城市大数据的综合应用。智慧城市各级数据库系统应在物理上相互独立、互不干扰，在逻辑上应视为一体化的共享数据体系。

大数据资源的统一表示，是实现一体化信息互联与数据共享的基础，即各类数据的收集、传输、处理、存储、管理和分发的一体化。信息支持一体化，要求对各级各类数据库系统，进行一体化的数据采集、数据处理、数据存储与管理、数据分类分发以及数据传输。一体化的数据采集与处理可以提供更为全面、准确的应用数据；一体化的数据存储和管理为一体化的数据分发提供了必要条件；一体化的数据分类分发是一体化数据支持的核心，是指在要求的时限内将各种应用数据可靠准确地分类分发到需要它们的合法的数据用户；而一体化的数据传输，则为一体化数据分发的实现提供硬件基础，为同一信息分发任务提供了广泛的多路由传输手段。在这种情况下，采取对数据资源进行统一表示，才能实现各类数据的收集、传输、处理、存储、管理和分发的一体化。另外，统一表示的数据资源使用户之间进行信息交互时，不必进行数据格式的转换，从而保证了数据传递的及时性和准确性。

在智慧城市中，只有标准化了的数据信息才能被各类信息系统识别，从而实现信息系统的交互操作。为此，在信息建模和信息标准化方面，必须强制性地建立标准数据模型和定义数据格式。目前，对数据资源实行统一表示的常用手段，是为数据库系统建立相应的"数据字典"。数据字典类似于常用的各种名词字典，其主要功能就是统一数据元素表示的名称和属性的规范。它可将各种不同格式的数据"编译"成为统一表示的数据。数据字典是一个信息管理系统，它集中了各种数据标准化的规范和协议，包括数据处理、数据传输、数据建模、数据安全和人机接口等一系列的标准，专门用来对系统内的数据元素进行标准化和格式化。在智慧城市信息共享平台内，凡是不符合数据字典标准的数据，将首先通过数据字典转换成标准数据，然后再在系统内进行其他的数据处理。

2. 以综合治理与民生服务为目标

智慧城市大数据，支撑城市"常态"下管理和"非常态"下的应急处理。城市级大数据通过深度挖掘和智能分析，提供城市管理的决策信息和突发事件的实施预案。智慧城市大数据，支撑城市政务服务、公共服务、商业服务等，提供城市级公共服务全局性、决策性、集成性的知识数据，实现智慧城市惠民服务信息互联和业务功能的协同。

3. 以支撑行业管理与服务为目标

智慧城市应以统筹行业管理与服务大数据资源应用为目标，全面建成人口、法人、自然资源宏观经济、地理空间、政务、治理、民生等基础资源数据库，整合各类政府信息共享平台、信息系统和数据中心资源，依托智慧城市行业级信息共享平台数据与信息资源，集中构建智慧城市统一的基于电子政务外网的政务数据服务平台和基于互联网的信息惠民服务平台。

建立智慧城市行业管理与服务大数据资源中心，统筹利用政府和社会数据资源，推动宏观调控决策支持、市场监督管理、社会信用、风险预警大数据应用，建设社会治理和公共服务大数据应用体系。智慧城市大数据从行业管理和服务的需求出发，根据城市各行业管理和服务的内容和功能，通过智慧城市各行业二级平台和主题大数据，支撑城市行业管理与服务。

根据智慧城市各领域各行业管理和服务的业务范围，可以分为四类，即政府管理与服务类、城市管理与服务类、社会管理与民生服务类、企业经济管理与服务类。智慧城市大数据建设，通过政府管理与服务类、城市管理与服务类、社会管理与民生服务类、企业经济管理与服务类各行业级二级平台和行业级主题数据库，提供各行业综合管理和公共服务的数据和信息支撑。智慧城市大数据将隶属各领域各行业管理与服务业务级应用数据库的过程数据抽取和加工汇集并归属于上述行业级二级平台和主题数据库中。

(三) 智慧城市大数据的体系规划

1. 智慧城市城市级大数据库

（1）城市级大数据库的基本结构。智慧城市城市级大数据库采用基于 SOA 模型管理数据的组件结构，大数据库结构遵循面向主题、面向服务、面向模式的云架构的设计规范。城市级大数据库由数据即服务、数据资源管理、数据交换与共享、数据存储、数据分析展现、可视化应用和数据安全管理支撑系统构成。城市级大数据库采用统一的组件结构，简化应用，实现对行业级主题数据库经验数据的挖掘、分析和集成；也便于新增数据的开发应用，降低开发成本，保证数据应用的兼容性、集成性和可扩展性。城市级大数据库结构应符合标准化、平台化、组件化的规范与要求。大数据库业务结构支撑智慧城市综合管理与公共服务体系的数据应用结构，智慧城市大数据库与行业级主题数据库之间具有数据共享和交换的能力。

（2）城市级大数据库的技术应用。智慧城市城市级大数据库技术应用的核心是对智慧城市综合管理与公共服务数据及信息资源的整合，即信息互联互通和数据共享交换，以及可视化管理。城市级大数据库应结合智慧城市大平台、大网络、实现云计算物联网、大数据、无线互联网技术集成应用和数据及信息应用创新。

城市级大数据库技术应用，整合智慧城市综合管理与公共服务各种要素信息与系统集成，利用可视化、网格化的管理模式，面向数据应用集中管理，为智慧城市综合管理与公共服务提供数据应用集成、功能集成的综合数据服务环境。

城市级大数据库技术的整合和综合应用主要表现在：①基于 SOA 组件的云架构；②数据资源管理；③数据交换与共享；④数据存储；⑤数据分析展现；⑥数据可视化应用；⑦数据安全管理。

（3）城市级大数据库的主要功能。智慧城市城市级大数据库，实现政府行政、城市管理、民生服务、企业经济四大领域综合数据的互联、管理、交换，优化、展现与共享，促进全社会数据资源的综合开发和充分利用。通过城市级大数据库，建立智慧城市范围内政府各部门之间，政府与社会，企业、民众之间数据的关联、共享、交换的体系，提高城市级数据共享与交换的能力，避免在智慧城市内形成"数据孤岛"和数据源不统一及重复采集的弊端。

城市级知识数据具有支撑智慧城市全局的决策管理及应急指挥和政府各部门之间的业务协同的能力。城市级大数据库具有数据管理、数据挖掘、智能分析、可视化展现等功能。

2. 智慧城市行业级主题数据库

（1）行业级主题数据库的基本结构。智慧城市行业级主题数据库采用基于 SOA 模型管理数据的组件结构，主题数据库结构遵循面向主题、面向服务、面向模式的云架构的设计规范。行业级主题数据库由数据即服务、数据资源管理、数据交换与共享、数据存储、数据分析展现、可视化应用以及数据安全管理支撑系统构成。行业级主题数据库采用统一的组件结构，简化应用。行业级主题数据库结构符合标准化、平台化、组件化的规范和要求。主题数据库业务结构支撑智慧城市行业管理与服务体系的数据应用结构，智慧城市行业级主题数据库与业务级过程数据库之间具有数据共享交换的能力。

（2）行业级主题数据库的技术应用。智慧城市行业级主题数据库结合智慧城市行业级二级平台、互联网和电子政务外网，实现云计算、物联网、大数据、无线互联网技术的应用集成和数据及信息应用创新。

（3）行业级主题数据库的主要功能。智慧城市行业级主题数据库由政府、城管、应急、安全、交通、节能、设施、市民卡、民生、社区、卫生、教育、房产、金融、旅游、建筑住宅、商务、企业等行业级主题数据库组成，促进智慧城市各行业数据资源的综合开发和充分利用。行业级主题数据库配置于智慧城市各行业级二级平台，具有政府信息、城市管理信息民生服务信息、企业经济信息四大领域各行业级数据的互联，具有数据管理、交换、挖掘、分析、展现与共享的功能。

行业级经验数据具有应用于本行业管理和行业内业务协同的功能。行业级主题数据库具有数据抽取、数据处理、数据管理、数据交换、数据存储、数据加工、可视化应用、数据安全管理等功能。

3. 智慧城市业务级应用数据库

（1）业务级应用数据库的基本结构。业务级应用数据库应采用虚拟化云计算技术，由关系型数据库和监控实时数据库构成。应用数据库采用与应用系统相结合的设计规范，采用可视化视图方式快速查询和调用各应用系统数据和信息资源。业务级应用数据库由综合数据库、地理空间数据库、建筑信息模型构件库，过程数据库，设备管理库等组成。业务级应用数据库以虚拟存储的方式提供云数据快速查询和调用。云数据支持 SAN 架构的存储单元选项，提供基于云存储的数据库备份与恢复。基于云存储的半结构化数据处理与分析，利用双网卡和虚拟化网络方式实现管理与业务域的隔离。业务级应用数据库存储资源以网络存储方式提供，实现自动化的资源分配和回收、存储资源的冗余存储、多媒体信息、半结构化数据和业务数据的分别优化存储，以提高访问效率。

（2）业务级应用数据库的技术应用。智慧城市业务级应用数据库基于业务流程的集成技术，将业务应用与监控应用分解为应用服务、流程逻辑与消息传递三个层次，将业务流程逻辑从应用中剥离开来，实现业务过程数据的优化组合。业务级应用数据库采用数据远程管理技术，全面地提高虚拟数据存储的灵活性和可管理性。通过安装集成的云数据库基础设施远程管理控制软件包，客户即可对数据库硬件进行全面的性能监控和远程操控。业务级应用数据库采用先进的云数据基础设施管理技术，支持用户以完全相同的方法连续分析和优化物理与虚拟数据资源，可加快复杂云数据库系统的部署，简化日常运营，同时前瞻性地管理数据库系统容量和供电系统。

（3）业务级应用数据库的主要功能。智慧城市业务级应用数据库能够将生产现场所采集的位置、位移、温度、压力、流量、状态等模拟或数字的非电量或电量信号，自动传送到生产计算机进行加工处理。业务级应用数据库具有将生产现场系统运行和控制过程所产生的大量分散、重复和规律性的指令操作处理的位串、字符和字的原始数据加工处理为生产过程数据的功能。

业务级应用数据库具备标准化和自动化功能，针对云数据基础设施（包括物理和虚拟资源）提供标准化的方法和工具，实现云数据基础设施重新配置的自动化，帮助客户在更短的时间内为业务数据的应用提供所需的数据资源。业务级应用数据库具有云数据远程管理、基础设施管理、基础设施资源自动管理、云数据设备内容备份与管理的功能。业务级应用数据库具有保护和恢复关键数据的应用环境，它能够实现虚拟服务器环境的自动灾难恢复，以及存储环境的协调复制。

四、智慧城市大数据类型与应用

（一）智慧城市大数据应用的类型

1. 大数据采集与传输

大数据采集与传输是智慧城市大数据应用的重要内容。数据采集是形成应用数据库过程数据的主要方法，数据传输是过程数据汇集的重要方式。数据采集与传输通过生产现场各类感知传感器，采集位置、位移、速度、温度、湿度、照度、压力、流量、液位、状态等模拟或数字的非电量或电量的连续信号，通过现场工业控制总线传输到生产操作与管理计算机中进行处理和反馈控制。

通过生产计算机将采集的大量分散、连续、重复和规律性的感知信号（包括数值的和非数值的）的原始数据进行整理、计算、筛选、编辑等，根据计算后得到的优化调节控制数值触发相应的生产程序，并自动将反馈调节控制指令，传输到生产现场控制器以调节控制生产过程。生产计算机通过对生产过程的原始数据进行属性录入、属性编辑、同属性数据筛选和删除、属性和采集日志信息的浏览等，提供通用数据导入组件、元数据定义等。

2. 大数据导入与处理

大数据导入与处理是智慧城市大数据应用的重要内容。数据导入是将生产计算机中经计算和编辑后的生产指令和数据导入相应的业务级应用数据库中。通过生产计算机将采集的感知信号进行处理，产生过程数据并存入业务级应用数据库中，形成大数据的物理数据。通常物理数据可以是结构化的数据，也可以是非结构化的数据。

大数据处理是将导入业务级应用数据库的生产指令和物理数据，进行检索、加工、清洗、变换和存储，形成过程数据。过程数据是对生产过程事实、程序或指令的一种表达形式。数据处理是系统工程和自动控制的基本环节。数据处理贯穿于社会生产和社会生活的各个领域。数据处理可由人工或计算机自动化装置进行处理。过程数据的形式可以是数字、文字、图形或声音等。

3. 大数据抽取与加工

大数据抽取与加工是智慧城市大数据应用的重要内容。数据抽取是将业务级应用数据库中的控制和变化的过程数据抽取到行业级主题数据库中。数据加工是将业务级应用数据库过程数据经数据抽取、数据转换、数据清理、数据整合、数据加载、数据审计、数据更新检测、数据质量控制、数据异常处理、调度与日志监控等进行加工，形成行业管理和服务的经验数据，并存入行业级主题数据库中。

业务级应用数据库支持多种数据源的抽取，如 FTP、MQ、HTTP、Oracle、DB2 等。支持 CVS、ASN.1 等多种文件格式的抽取，并可以根据需要扩展自定义的文件夹接口格式，支持不同格式、参数、编码、分隔符、Tag 的异构文件的解析。

行业级主题数据库中的经验数据支撑行业级管理和服务。行业级主题数据库经验数据通过行业级二级平台，实现智慧城市各行业二级平台之间的信息互联互通和行业级主题数据库之间的数据共享和交换。行业级主题数据库抽取的各业务应用的过程数据进行统一的数据清洗（数据预处理），通过数据空缺值、拼写错误、内嵌数据、重复数据、属性依赖冲突等应用，充分保证数据的有效性和一致性。行业级主题数据库数据校验支持文件校验和消息校验，保障数据和外部源数据的一致性，数据校验支持选择性的校验数据。

4. 大数据挖掘与智能分析

大数据挖掘与智能分析是智慧城市大数据应用的重要内容。数据挖掘是利用各种分析方法和分析工具，建立在智能分析处理的数据环境基础上，将智慧城市各行业级主题数据库中的海量数据建立数据模型和建立数据间逻辑关系的过程。大数据库应满足数据挖掘和智能分析的数据环境。经数据挖掘和智能分析的各行业级主题数据库的经验数据，进一步形成智慧城市综合管理与服务数据模型和具有全局性、决策性、集成性逻辑关系的知识数据。

通过智慧城市大数据库知识数据，建立智慧城市智慧管理与服务各种决策分析模型、数据应用分析模型等，提升智慧城市管理与服务的能力，实现政府政务、城市管理、社会民生、企业经济四大领域大数据的互联、管理、交换、优化、展现与共享。

（二）智慧城市大数据技术的应用

1. 大数据交换与共享技术应用

大数据交换与共享技术应用，基于统一的信息交换接口标准和数据交换协议进行数据封装，利用消息传递机制实现信息的沟通，实现基础数据、业务数据的数据交换以及控制指令的传递，实现智慧城市大数据资源的共享。

大数据交换与共享以服务为中心，数据和资源作为可共享的服务，可为各行业级二级平台提供数据共享服务。无须关心业务级应用数据的复杂组织和数据环境，各行业级二级平台对数据的需求通过对数据交换与共享服务平台的请求实现。大数据交换与共享服务平台，通过控制用户对数据的访问权限，保证数据共享的安全性。数据服务的提供者、服务代理及服务使用者构成了智慧城市大数据服务共享交换体系。在此共享体系下可以最大限度地挖掘和发挥大数据的作用，使分布的各行业、各业务、各应用数据更有效地为政府政务、城市管理、社会民生、企业经济提供大数据服务。

大数据交换与共享服务平台支持各类主流数据库（Oracle、DB2、MYSQL 等）结构化资源编目，支持音频、视频、PDF、办公文件等非结构化资源目录，以及网站、URL、Web 服务等多种资源的编目之间的数据交换和共享服务。

2. 大数据存储技术应用

大数据存储技术应用将智慧城市业务级应用数据库中的数据按照一定的要求，汇集到规范数据库中，然后再进一步抽取到行业级主题数据库中形成经验数据，经验数据为智慧城市大数据挖掘、智能分析、决策支持等提供高质量的数据来源。

大数据存储技术应用建立一体化的数据存储环境，将分析决策所需的大量数据从传统的操作性环境中分离出来，将分散的难于访问的操作数据转换成集中统一的、随时可用的数据。大数据存储技术应用为不同来源的数据提供一致性的数据视图，将不同介质、不同组织方式的数据集成转换成为统一的分析型数据环境。大数据库中的数据量是巨大的，通过高效和智能的数据分析工具才能发挥大数据应用的作用。

大数据存储技术应用实现让更多的管理者方便、有效和准确地使用大数据库中高质量知识数据的决策支持作用。大数据存储技术应用提供数据库备份服务，实现数据库的备份、恢复与优化，以保证数据库的安全运行。当数据库出现故障时，系统能够确保关键数据的恢复重建。

3. 大数据挖掘与分析展现技术应用

大数据挖掘与分析展现技术应用主要是对行业级主题数据库中的经验数据源进行数据处理、数据抽取、转换、清洗、装载、数据挖掘、智能分析和可视化展示等。大数据挖掘与分析可针对不同的分析主题进行智能分析。智能分析是智慧城市知识数据的实现过程，是城市级大数据整合与应用的核心技术与主要手段。大数据采用模型化方式，所有的数据模型、数据处理过程、元数据、数据质量检查都以模型的形式呈现，以便于解决技术实现与业务描述分离。模型可分为业务模型和技术模型。大数据分析部署于行业级主题数据库和城市级大数据库。数据智能分析是面向主题的，面向整个智慧城市综合管理与服务的主题，而不针对个别应用。

元数据是描述数据的数据，不同的异构系统和产品的元数据信息应采用统一的标准化管理，元数据的描述、定义、获取、表示形式等多项内容采用统一的标准，以保障数据的统一性和一致性。大数据挖掘与分析环境基于元数据，元数据是数据处理环境的重要部分。在数据分析中，通过元数据可以最有效地利用大数据库的优势。通过数据分析，可形成体现主题的趋势分析、趋势预测，聚类分析等高级分析数据与信息模型。数据挖掘与分析展现技术应用，应根据不同的需求展现不同的数据可视化展示模型。

4. 大数据人工智能技术应用

（1）人工智能"机器深度学习"的内涵

第一，人工智能深度学习网络模型复杂、计算量大。以 DNN 为例，它需要模拟人脑的计算能力，而人脑包含 100 多亿个神经细胞，这要求 DNN 中神经元多，神经元间连接数量也相当惊人，如此庞大的计算量需要高性能的硬件，以及与之配套的软件系统提供支撑。

第二，DNN 需要大量数据才能训练出高准确率的模型。为了达到理想的学习效果，DNN 需要利用海量训练数据，进行反复多次实验，从而选择合理的选择优化方式，训练出高准确率的模型。因此，深度学习对训练数据提出了较高要求。

对于不少"机器深度学习"研究者而言，部署困难成为一个大问题。很多时候，即使购入了高精尖的深度学习机器设备，但由于难以部署，高价买回的设备只能搁置。因此，"机器深度学习"成为一个效果很好但门槛极高的现实问题。云创大数据发布的 DeepRack 人工智能"深度学习机"，可以切实帮助解决"机器深度学习"应用中遇到的障碍与困境。

（2）人工智能"机器深度学习"应用

第一，大数据智能云处理。云创大数据 cPrc 云处理系统在高效率并行分布式软件的支撑下，可以实时完成大数据处理和分析工作，如行业数据处理、公共服务信息查询和数据统计分析等。数据处理不会出现数据堆积现象，各类分析和查询工作基本都在秒级完成，具有前所未有的高效性。查询具有高准确性，支持并发查询，所有查询请求都能正常下发执行且都能正常返回结果。查询条件相同情况下，每次查询结果相同。云创大数据 cProc 云处理系统采用分布式处理的方式，性能与节点数成正比，通过增加节点的方式，可将性能提升，以达到满足需求的处理要求。支持百亿条记录秒级响应，支持对万亿条记录级的数据查询进行秒级处理，支持千人同时在线查询。云创大数据 cProc 系统提供专用 API、Web 访问和 WebServices 接口，满足进行对外数据交互操作的需求。提供 Web 界面对分布式运算系统进行监控，支持查看、下载索引文件和元数据文件。所有接口经过严格测试。

第二，海量视频智能云平台。云创大数据可实现多级查看和处理视频的随需接入、视觉影像智能识别、分析、处理、存储等功能。云创大数据的 cVideo 视频云平台，利用综合调度技术和云端转码技术完美地满足超大规模城市视频监控、海量视频数据存储及远距离视频监控的要求。同时，cVideo 还研发了智能图像识别算法，采用大规模分布式云处理，运用于智慧城市地铁系统时对视频数据达到了识别和认知水平。

第三，大数据智能云存储。智慧城市大数据主要分为结构化、半结构化和非结构化数据，结构化数据以及半结构化数据存储在大数据处理系统的大数据库中；而各类非结构化数据存储在分布式云存储系统中。云创大数据的 cStor 云存储系统应用分布式的存储机制，在城市地铁应用中将数据分散存储在多台独立的存储服务器上。它采用包括卷管理服务器、元数据管理服务器、主数据存储节点服务器和挂接访问客户端以及管理监控中心服务器的结构构成虚拟统一的海量存储空间。

5. 大数据可视化技术应用

智慧城市可视化技术应用，采用地理空间信息可视化技术，以城市地理信息为基础，通过建筑信息模型技术、虚拟现实、图像分析建立智慧城市管理与服务基于地理信息可视化图层的应用。智慧城市通过采用建筑信息模型可视化技术，以城市建筑信息模型为基础，建立智慧城市管理和服务与建筑及社区设施管理（FM）相结合的建筑信息模型应用。智慧城市通过采用图像可视化技术，以城市公共视频监控影像为基础，建立智慧城市管理与服务与公共视频监控影像相结合的可视化应用。

6. 大数据安全技术应用

（1）数据与信息安全管理

第一，通过良好的登录活动记录和报告用户和网络活动的周期检查，防止未被授权使用系统的用户进入系统。

第二，按照用户、组模式对操作系统的访问进行控制，防止已授权或未授权的用户存取相互的重要信息。不同部门或类型的用户只能访问相应的文件或应用，可以采取股权方式限定用户对主机的访问范围。

第三，防止恶意用户占用过多系统资源（CPU、内存、文件系统等），从而防止因无系统资源导致系统对其他用户的不可用的事件发生。

第四，对主机的安全事件进行详细的记录，并根据需要随时进行查阅。

第五，提供完善的漏洞扫描手段，及时发现系统的安全隐患，并据此提供必要的解决方案。

第六，周期性进行操作系统备份。能够在系统崩溃后快速修复系统文件。

第七，主机应当具备主机级入侵防护功能，通过主机操作行为检测、黑白名单等，达到防范零日攻击、恶意操作、主机入侵、主机木马病毒等的目的。

第八，定期对主机进行补丁操作、漏洞扫描，并及时修补发现的漏洞。

（2）数据网络安全管理

第一，通过防火墙等措施对进入内部网络的数据包进行扫描过滤，能够根据用户、IP地址、访问类型等方式进行访问规则限制，对常见的入侵行为进行判断并阻止。

第二，应提供地址翻译功能，屏蔽网络内部细节，防止外部黑客利用 IP 探测技术发现内部网络结构和服务器真实地址，从而实现有针对性的攻击。

第三，能够对网络通信进行监控，及时发现任何来自网络内部或外部的黑客入侵或可疑的访问行为，并做到及时报警与阻断。

第四，应做到对各子网间或远程用户传输中的数据进行安全保护，利用加密等方式保证数据不被非法截获，并提供用户身份认证、授权等功能。

（3）数据传输安全管理

第一，网络层需要认证报文的来源，防止攻击者利用伪装地址来发送报文；网络层需要保证数据报文的完整性，确保报文在网络中传输时没有发生变化。

第二，网络层需要确保报文的内容在传输过程中未被读取，确保未授权方不能读取报文的内容。

第三，网络层确保认证报文没有重复，避免攻击者通过重发截获的认证报文来干扰正常的通信，从而导致事务多次执行，使依赖于被复制报文的上层应用发生混乱情况。

第二节　人工智能视角下未来城市理想空间模式探索

一、未来城市的发展趋势研判

明确未来城市发展趋势是分析人工智能代表技术对城市空间影响的基本依据，在解析传统人居环境思想以及总结城市空间演变规律的基础之上，分析当今城市在发展过程中产生的社会问题以及理念误区，并结合对未来数字信息化时代以人工智能为代表新技术的展望，预测未来城市居民生活愿景及城市在发展过程中可能产生的新方向和新趋势。

（一）"生态"理念的传统人居环境

伴随着工业化进程中各种城市病问题的出现，人与自然环境关系重新引起全球关注，生态、低碳的可持续发展观念在全球范围内被各个国家所认可。1980年国际自然保护同盟的《世界自然资源保护大纲》中首先提出，必须研究自然的、社会的、生态的、经济的以及利用自然资源过程中的基本关系，以确保全球的可持续发展。此后，人与自然的关系开始由原先单纯的"保护环境"逐渐上升为以"生态优先"为代表的国家发展战略，"生态绿色发展理念"持续受到全球范围内各学界、领域的关注，可持续、绿色、低碳、循环、韧性、人类命运共同体等理念从本质上讲都是寻求人与自然和谐关系的生态化思想。

人们必须清楚认识到，是地球造就了人类自身及其赖以生存的生态系统，无论人类文明发展到何种程度，即使能够通过科技的力量征服生物圈，却永远不可能掌控整个自然环境（生态系统），当真正的灾害发生时，人的力量在自然面前始终是渺小的，成千上万年的城市文明也能毁于顷刻之间，我们能够做到的，只有通过价值观念的提升，减轻对生态系统的必要消耗，以及杜绝不必要破坏。

我国传统人居环境思想的核心就是实现人与自然环境的和谐共存，是典型的生态哲学的思想。其中自古以来的山水田园生活观念，很好地契合了当今工业化城市居民对未来宜居、舒适生活环境的向往。未来城市必是处于物质条件丰盈的时代，这种源于古代农耕文明启示，历经不同发展阶段沉淀，作用于未来人文价值观的传统人居环境思想必将成为未来城市发展的永恒方向与目标。

（二）"人本"思想的城市生活安全性与个性化

随着工业化、城市化、信息化的发展，人口、资源与环境问题日益严重，突发公共事件与人类行为之间的耦合性越来越紧密。以城市生活安全为代表的"人本"思想作为近年来一直被标榜宣传的理念，在指明未来城市的发展方向的同时，也能够表明当下践行的不足。

人是作为城市发展建设发起者与使用者，从本质上讲，"人本化"是作为城市发展的根本理念，层级优先于之外的任何理念。如同"天人合一"思想是伴随着工业化时期经济的快速发展及自然环境过度破坏才被社会各界和民众所接受一般，在考虑未来城市各种新发展理念与趋势时必定要在城市居民自身生活条件得到满足的前提条件之下，"天人合一"只是当下强调未来人与自然和谐相处重要性的一种思想，这种思想的践行依旧脱离不了人本思想的约束之下。

绿色建筑评价指标由原来的"从'四节（节能、节水、节地、节材）环保'以及施工管理、运营管理框架打分"，调整为"按'安全耐久、健康舒适、生活便利、资源节约、环境宜居'五大指标体系，和'提高与创新'一大加分项进行评判"，新标准在强调节能环保的同时首先肯定了居住安全与舒适的重要性。如何通过合理的运用科学技术，提升人们的安全意识，转变价值观念，构建强有力的城市安全防护体系，让未来城市生活更安全，将是未来城市发展的基本诉求和研究主题。

未来城市"人本化"思想还将体现在基于互联网等人工智能尊重个性化的设计与应用之上，城市居民的出行、居住、工作、休闲娱乐等日常行为活动都能根据个人特点与喜好来选择与调整，城市空间从大到小都能体现出其精细化设计的思想，规划理念从重大尺度城市设计向日常生活空间的营造倾斜。

（三）人工智能技术下的"信息化"智慧城市

城市是一个动态变化的复杂巨系统，其稳定健康发展离不开有效的管理运营秩序，高效率的社会组织形式也是人们选择在城市居住、工作的重要因素之一，这些城市属性促使未来城市趋向越来越智能的方向发展。构建城市各重要功能组成朝着"信息化"发展的智慧城市，将成为未来城市不可避免的发展趋势。

智慧城市的建立是通过利用以大数据、物联网、云计算等为代表的数字信息核心技术，构建城市居民、社会生产与管理机构以及其他服务设施主体相互联动的新运管秩序。其特点是能够对城市运行核心系统进行实时感测分析，包括居民生活状态、周边环境状况、城市安全、公共服务、社会生产活动等在内的各种构成要素，并智能化地做出及时有效的应对调整，提高城市整体运行效率，从而为居民创造更加美好的城市生活。

智慧城市最大的挑战是观念上的转变，必须使人们意识到城市发展面临着这样一种需求和趋势，通过设计一个系统，能够将所有技术应用于服务广大市民。智慧城市的挑战就在于使技术城市化，从而使之能够更好地响应市民需求，并扩大在市民中的可及性，因为这些技术切实影响着市民的日常生活，换言之，必须将智慧城市作为一种人文观念渗透进技术生产制造人员和使用人群之中。智慧城市为这种人文观念的实体化提供了思路与理念，人文价值观指引下的生产生活空间也为智慧城市的建设提供了平台，未来城市必是经济、社会、环境、人文相互协调下发展模式，智慧城市正是实现这种协调机制的有效途径。

（四）未来人本价值观引领城市发展

纵观人类整个城市发展史，从 18 世纪中叶工业革命以来，科学技术一直作为社会生产力的第一动力，影响着人类的生产生活方式，进而快速影响着城市空间模式的变迁。直到 20 世纪末，各种"以人为本"的城市发展思想才相继显现，但科技进步作为引领城市发展的主导地位始终不曾动摇。人们必须从根源认识到，《未来主义建筑宣言》发布以来，高科技指向的未来城市计划之所以能够得到广泛宣扬，背后本质上是资本的驱动，资本的逐利性决定了其不仅仅是满足需求，更要创造需求，产生经济效益，而这种需求的创造与生产却是一把"技术为刃"的双刃剑。

如同巴西里约热内卢联合 IBM"智慧城市智能运营中心"致力于宣传打造的"远程控制城市"，以"监视城市的每一个角落，杜绝灾害与犯罪"，这种宣传与科幻电影题材中"有墙的乌托邦——堡垒城市"所表达的思想如出一辙，是典型技术与人文伦理的冲突。在物质基础充足的条件下，未来理想城市应是人文价值观念追求之下的城市，城市在历史发展过程中那些根本性的、不曾改变的传统人居环境思想正是这种人文价值的根本体现。

当今社会的人类在潜移默化中被束缚于技术为轨、高速运行的列车之上，将"技术工具"当作未来不断突破的目标，仿佛无形中遗忘了传统文化中城市诞生、发展的本源和方向，对应"马斯洛需求层次"理论，科技的发展只是满足物质基础的基层需求，而对人文价值的追求才是满足未来人们美好生活追求的终极目标。正如美国城市规划学家芒福德在《城市文化》中所述，我们应从"被科学的突飞猛进所淹没，对于事物的本源，对于人的生存价值却一无所知"的状态中解脱出来，转向人本价值下的理想城市理念"是人，而不是技术，必须成为价值的根源；是人的最优发展，而不是生产的最大化，应该成为所有计划的标准"。

综上所述，相较当今"技术至上"的城市发展思想，未来人本价值观念将逐渐成为引领城市发展的决定因素，技术只是作为一种工具，其变革与发展受制于价值观。在城市发展建设过程中，将人本价值和人文精神拉回到城市发展、规划建设的核心位置上来，创造次元更高的集"文化、生态与科技"完美融合、充满生机活力的人文城市，将成为未来城市发展的必然趋势。

二、人工智能技术下的城市愿景展望

（一）人机交互下的"物联网"

目前，"物联网"已并不仅是针对"物物之间"通过数据传输实现交流互动的技术，更是一种"人机交互"概念下，通过利用射频识别技术、传感器网络技术，对信息传感设备进行控制，以此达到智能化定位跟踪、监控管理效果的现代化网络技术系统。更明确地说，"物联网"是一种通过基础层技术，实现"物与物、物与人"交流互动的应用层技术体系，同时也是智慧城市系统建设的核心，更代表着未来一种新的城市系统构建趋势。

探讨"物联网"，首先需要明确数字信息时代下与其涉及概念之间的相互关系。从功能上讲，"物联网"是智慧城市建设的核心系统，旨在通过人工智能等新一代信息处理技术实现城市的全面感知、交互及应对；从层级上区分，"物联网"是基于信息和通信技术（ICT），立足于"云计算"数据平台及"人机交互"等研究领域，属人工智能范畴之下的一种技术体系；ICT 技术则是覆盖所有通信设备、应用软件及与之相关各种服务的涵盖性术语，以传感器网络和 RFID 射频识别等信息采集技术为基础，当下以 5G 技术最具代表性，并成为未来信息通信技术的发展新方向。

"物联网"与"智慧城市"的概念都是人工智能范畴下的产物，作为未来技术变革的新方向，"物联网"可以说是"互联网"的升级版本，具有更广域的运作范围、更高效率的运行体系及更智能的调控应对手段，能够使有限的资源得到更加合理的使用与分配，从而提高城市的生产效益和居民的生活效率。作为一种新型架构体系，理想中的物联网能够统筹数字信息社会各种技术支撑下的所有应用系统，遍及城市基础设施、公共管理、商业服务、生产工作、娱乐休闲、智慧家居、城市安全等各项领域，是继计算机、互联网与移动通信网之后的"万联信息网络"。

"物联网"作为一种城市全新的构建体系，相较以往更为基础的"互联网"，无疑会对城市居民的生活方式、区域的产业结构以及城市的空间模式带来更为剧烈的影响。发展初、中期，物联网的应用会遵循事物的发展规律，进一步加剧互联网时代以来对城市空间产生的变动；远期，其变动方向将会是一种基于未来人文价值观基础上的调整，城市除了能够满足人身基本安全需求，城市设施、资源能够得到更加有效的利用与共享，城市居民能够实时了解周边环境的状态并参与进城市的运营、管理、监督与决策之中，城市交通也能在其他人工智能技术支撑之下实现交通方式的多样化、个性化及设施共享化，城市空间发展维度也更加多元化，空间的共享与虚实转换在"物联网"支撑下也能够迈进新的阶段，整个城市朝着更加集约紧凑、万物相连的一体化方向发展。

（二）"大数据"——智慧城市平台

从互联网诞生之初，其信息的收集、交流、传递、输出都离不开基础数据的支撑，进入 21 世纪，随着物联网、云计算、智慧城市等一系列新概念的出现，"大数据"已成为人们日常生活中屡见不鲜的名词，基于海量数据资源研发而成的各种智慧城市平台陆续出现于公众视野，并渗透进各行各业的生产与管理当中，潜移默化地改变着当今社会生产生活与工作管理的运作方式。

2019 年 6 月，中国信息通信研究院正式发布《城市大数据平台白皮书》，介绍了城市大数据的概念与内涵，并深刻阐述了建设城市大数据平台对于突破智慧城市建设难题的重要意义。白皮书中将城市大数据定义为"城市运转过程中产生或获得的数据，及其与信息采集、处理、利用、交流能力有关的活动要素构成的有机系统"，用简化公式可以表达为城市大数据＝城市数据＋大数据技术＋城市职能，"大数据——智慧城市平台"则是基于这种技术信息数据所建立的，便于进行采集、生产、运作、管理的数据服务平台，不同平台之间协同、交织、重组便是实现未来智慧城市目标的基础。

现阶段，我国的城市大数据平台的建设仍处于起步阶段，不同领域的大数据研发平台基本处于抢夺先机点的各自为战状态，未来将逐渐趋向于"平台巨型化"的发展趋势，逐步完成从"条数据"到"块数据"转型升级，即由单个行业领域链条状数据向不同领域间互联共享的块状数据发展。未来，在以"块数据"为基础构建的智慧城市当中，每一位居民的决策与行为都会实现效率的最大化，整个城市的运作效率将得到极大的提升。同时，数据的安全性也将成为未来城市大数据平台建设的重要考虑因素，这种安全性不仅体现在当今以区块链技术为代表的数据安全之上，更表现在对人权、隐私的尊重上，最终建立起一个生活安全、生产高效、人居环境生态、政务管理公众透明的数字信息城市——智慧城市，在整个城市大数据平台支撑下，城市居民能够获得更高的安全感和幸福指数。

从关联性角度讲，城市大数据平台与物联网都是建设智慧城市必不可少的技术支撑，而大数据平台则是更为基础的存在，是智慧城市得以运行的引擎。未来不同平台之间的相互联动、重组，将更加直接地推动城市物联网体系的构建，进一步提升城市发展建设的信息化智能程度，通过现实物质空间与信息虚拟空间的重组与共融，转变互联网时代以来人类的生产生活方式与生活价值观念。

（三）智能化"无人驾驶"技术

纵观整个城市发展史与科技变革历程，城市交通技术、通信技术及互联网的发展是对城市空间变迁影响最为深远的技术变革。工业革命虽然起步于 18 世纪，但直到 20 世纪初，随着内燃机汽车、钨丝电灯等科技产品的成熟与普及，以及未来主义思潮的爆发，城市才算步入由近代走向现代化的过渡时期，伴随着世纪中期互联网的诞生，城市正式跨入现代化阶段。

现代化以来国际龙头企业的发展状况能够很好地体现关键技术变革对社会经济与人类生活方式造成的冲击，1960 年，全世界最大的企业基本被汽车和能源类公司占领，1994年，受集成电路电话机普及的影响，世界前十大企业中增加了通信类公司，发展到今天，市值前十的企业中，网络公司独占鳌头。未来在人工智能高度发展的情景下，物联网将以5G 或更高层次信息通信技术为支撑，而城市交通技术也会在以"无人驾驶"为代表的智能技术支撑下，对城市居民的生产、生活以及城市空间带来新的变动。

人工智能代表技术"机器深度学习"，是一门涉及统计学、系统辨识、逼近理论、神经网络、优化理论、计算机科学、脑科学等诸多领域的交叉学科，研究计算机怎样模拟或实现人类的学习行为，是人工智能技术的核心。其代表应用技术"无人驾驶"成为近年来交通领域中炙手可热的话题，从科技网络公司到汽车厂商都在争相研发可在城市道路上行驶的自动驾驶汽车，"无人驾驶"已从科幻作品走到大众视野当中，成为改变未来居民出行的新趋势。

早在 20 世纪 20—30 年代汽车刚刚得到普及的时代，"无人驾驶"概念便频繁出现于各种设想当中，直到 20 世纪 70 年代，英、美、德等发达国家相继开展无人驾驶技术的应用研究与推广。发展至今，由于城市地铁线程较短、易受控制，"无人驾驶"技术民用成果更普遍地体现在"无人驾驶地铁"的运营当中。自 1983 年法国里尔市建成世界首条无人驾驶全自动地下铁道以来，各国（地区）相继开通"无人驾驶地铁系统"，开辟了无人驾驶在城市交通系统应用中的新道路，未来 5~10 年间，"无人驾驶地铁"依旧是无人驾驶技术主要应用方向，并呈现快速增长的趋势。

近年来，无人驾驶技术逐渐呈现向其他交通运输方式拓展的趋势，作为区域间实体流空间重要载体——铁路运输，成为新一轮的发展方向。1909 年，由总设计师詹天佑主持修建的京张铁路竣工；2019 年 12 月，国内首条无人驾驶智能化铁路——京张高铁正式开通运营，采用了我国自主研发的北斗卫星导航系统，最高设计 350km/h，乘客能够在运行中实时感受到云计算、大数据、导航定位、新一代 5G 通信等先进技术，实现了更智能、更高效、更快速、更舒适的铁路运输方式。除此之外，新能源空铁以及磁悬浮列车等轨道交通系统基本能够实现自动化无人驾驶。

相较于应用较为成熟的轨道交通无人驾驶技术，短短数年时间，"无人驾驶汽车"从遥不可及、充满未来主义色彩的科幻憧憬变成触手可及的生活场景，在争议中逐渐走进公众视野。从谷歌无人车"Waymo"，到百度无人驾驶"Apollo"上路试行，每天都有大量关于无人驾驶汽车测试、研发的消息，未来，无人驾驶技术应用于汽车行业已成为不可阻挡的趋势。

"无人驾驶"是对高度自动化驾驶的特殊称谓，2018 年最新 SAEJ3016 标准再次修订更新，针对汽车自动驾驶，进一步细化了每个分级的描述，提及动态驾驶任务 DDT，并依据 DDT 的执行者和具体内容来定义自动驾驶所处的级别。目前，全球范围内实现商业量产的自动驾驶系统，都是以 Lv1～Lv2 级为主，一般说法中的无人驾驶研发基本处于自动驾驶 Lv3 阶段，只有当自动驾驶等级达到 Lv4 以上才可称为真正的"无人驾驶汽车"。虽然"无人驾驶汽车"由于技术、安全等因素，距离经营上市乃至普及推广还有很长的路要走，但无疑已作为一种发展趋势，映照着未来城市居民全新的生活场景。该技术革新带来的流动空间变革将从根本上改变当下城市交通模式，如同 20 世纪初汽车得到普及一般，对城市功能布局与空间模式产生巨大调整，并重新组织未来城市居民的生活、工作方式。

除地下及地面交通市场，未来城市空中交通可能成为新的拓展领域，即未来主义典型象征——"无人驾驶"飞行器的市场化推广应用。所谓城市空中交通（UAM），"就是用一种小型的全电动或混合电动垂直起降飞行器承载不超过 1 吨的旅客和货物，以比地面出行更快的巡航速度（200km/h 左右）在城市空域飞行，到达 15～100km 以外的目的地"，从现状不同领域研发方向上看，空中公交车和空中出租车将成为未来城市空中交通市场的主体部分。

在人工智能技术支撑之下，"无人驾驶"已呈现出向"轨道交通（地铁、铁路、空铁）—汽车—飞行器"逐渐渗透拓展的发展态势，未来交通方式的多元化、不同维度交通运输的衔接及城市静态交通都将引发城市空间新的生长变化。

（四）"增强现实/虚拟现实"技术

1. 虚拟现实技术（VR）

虚拟现实技术是一种多源信息融合的交互式三维动态视景和实体行为仿真系统，通过计算机及相应的传感装置对三维世界的模拟，创造出一种全新的虚拟交互环境，其目的是使用户沉浸到该环境中，并能够与环境中的各种场景发生交互。除"沉浸感"及"交互感"，VR 技术还具有"假想性"特征，可以根据设计者的想象构造出各种各样的虚拟场景，其内容如同艺术一般，来源于现实而高于现实，可以在一定程度上违反物理定律，创建超现实生活环境的虚拟情景。

2. 增强现实技术（AR）

增强现实技术是一种通过直接或间接地观察真实场景，将通过计算机生成的组成部分进行增强，这种组成部分包括图像、声音、视频，以及其他类型的信息。增强现实技术将实体的环境和虚拟的物体实时地叠加到了同一个画面或空间，不仅展现了真实世界的信息，而且将虚拟的信息同时显示出来，两种信息相互补充、叠加。

除虚拟现实技术/增强现实技术之外，还具备一种将真实场景和虚拟场景非常自然地融合在一起，使它们之间可以发生更具真实感的实时交互，让人们难以区分哪部分是真实，哪部分是虚拟的技术——MR混合现实，强调现场感、混合性和逼真性。这三种技术虽然在特点上存在细微差别，但都是人工智能集成技术之下，通过可穿戴式装备，对虚拟空间及其与实体空间融合的研究与应用。

增强现实技术相较于虚拟现实技术，优势在于现实世界与增强虚拟环境之间可以同时交互，在现阶段具有更强的商用研发价值，同样有着广泛的应用领域。例如，在商业服务领域，可以借助手机，完成线上"试穿"功能，实现通过虚拟空间"体验式"购物消费；教育上，可以辅助学生更加直观地理解相关知识，并通过这种充满趣味的方式激发学习兴趣；娱乐上，可以开创全新地视觉消费体验；在导航技术上，也可以通过AR与导航系统（例如GPS）的结合，将立体图像信息显示在真实道路上。从现阶段发展中能够清晰地感受到，现实与虚拟环境的融合将使未来城市居民走进全新的生活与工作方式，因此，虚拟空间也会成为未来城市空间越来越重要的组成部分。

虚拟空间及其相关产业的发展，还有可能成为共享经济发展的新契机。除共享交通发展带来的城市实体流空间变动之外，AR/VR技术的成熟将带来一种全新、多元的共享经济模式。在这种经济模式之下，人们的工作、学习、休闲、娱乐场所界限变得模糊，城市细胞单元更加倾向于生产与生活的相互融合。

三、人工智能技术发展对城市空间的影响

（一）空间集聚与分散产生新模式

集聚的规模效应是催动城市诞生发展的重要动力，工业革命以来产生的城市病问题又引发人们对分散环境效应的追求，以"田园城市"为先驱的城市规划理论极力寻求能够结合城、乡优点的城市人居环境，但二者在实体空间中难以实现双赢成为前信息时代无法突破的难题。互联网的普及极大地扩展了空间的内涵，集聚所产生的规模效应不再局限于传统的地理空间，也同时存在于虚拟空间，即"虚拟集聚"，这也为实现"田园城市"目标提供了新希望。

未来"物联网"体系的构建将进一步加剧空间"双重集聚"的发展趋势，大数据平台的构建使虚拟空间发展臻于完善，智慧交通体系的建设打造全新物流模式，生产资料运

输成本曲线逐步下行，以及 AR/VR 技术下虚拟场景模拟使得信息的实时共享和交换变得更加便利，这些都会促进产业分工、专业化朝着"虚拟集聚"的方向发展。

不论是从人文还是科技的角度出发，大部分学者都肯定"未来机器代替不了人类"这一观点的必要性与必然性，社会普众的生产劳动始终是稳定社会发展的决定性因素。未来基于实体流空间的生产活动依然必不可少，而物联网以及智能交通的发展能够有效解决现实功能空间分化引发的"潮汐"现象和城市拥堵问题，提供了集聚规模效应和分散环境效应在城市实体空间中达到双优的可能性，未来这种"分散式集中"的空间模式可能继互联网时代之后得到进一步体现。

（二）城市实体空间开发需求回缓

不论是生态理念下对传统人居环境的回溯，还是人工智能技术发展下智慧城市的构建，最终都将使城市实体空间开发需求趋于回缓。从人文角度而言，生态、安全、宜居已经成为未来永恒不变的发展主题，现今国土空间规划改革对城市增长边界的限制，实质也是从源头确保未来城市生产、生活环境的资源价值，而非阻碍城市的正常生长。2020 年 3 月，从国务院对省级人民政府关于用地审批授权和委托的通知中，也能够反映出国家对支持城市发展的态度。从技术角度而言，虚拟空间发展所引致的虚拟集聚，对现实社会而言能够创造出更多的经济发展方向与机会，借此产生更多的就业岗位，外加技术支撑下生产效率的不断提升，从事实体生产工作的岗位将会相对减少；"物联网"建设之下，城市商业服务等实体空间将持续衰败；"无人驾驶"引发交通方式多元化，行车与停车模式改变，交通及其他城市基础设施呈现向不同维度拓展的趋势。这些生活方式的转变都将导致原有城市空间的释放，为追求更加缓和的"自然主义"人居环境提供物质基础。

（三）多样化城市空间模式兴起

城市是一个动态发展的复杂巨系统，人类作为社会性动物是其产生集聚的本质动力，而社会性动物的集聚属性是不会发生根本改变的。因此，产业的规模集聚效应由实体空间向虚拟空间转移，以及城市部分实体空间的衰败并不会导致整个城市发展的衰退，相反，能够带动传统功能空间升级，呈现出多样化城市空间模式兴起的新图景。最直接的表现就是 AR/VR 等虚拟技术发展，带动城市虚拟空间融入生活，这种融合并非局限于传统互联网时代生产、生活信息交流的虚拟集聚，还表现在通过构建真实虚拟场景，使得原本只有在实体空间才能进行的活动，能够大规模转移到不受地理空间束缚的虚拟空间。另外，"无人驾驶汽车"的普及能够促进共享经济的发展，基于共享交通及公共交通的城市共享空间得到全面发展，人本理念下城市商业服务等实体空间，以及多元化住宅空间形态朝向个性化空间转型，甚至于地下、空中、水域等不同维度城市空间的兴起，共同决定了未来城市空间组织的多样化。

（四）生产、生活与生态空间的融合

未来虚拟空间与现实生活的融合能够使城市居民克服现实世界的空间障碍，再加上对"人本主义""自然主义"的追求，使得生产与生活方式变得更加自由化、个性化、生态化、一体化，很大程度上决定了未来城市居民生产与生活，工作与居住之间的界限逐渐变得模糊，城市居住等空间的功能将逐渐变得混合，各种原本功能单一的空间都有可能发展成功能混合空间，生产活动脱离了固定工作地点的束缚，虚拟空间逐渐成为人们日常进行生产活动的重要场所。

20世纪互联网在国内普及之初，不仅给普通民众的生活方式带来了重大转变，对城市众多生产服务行业的生产体系也产生了重要影响，就"远程工作"一点而言，远程工作不利于进行有效的管理；从雇员的角度看，远程工作也不利于员工之间的交流，从而使得传统的工作场所依然需要。随着物联网、AR/VR技术的成熟以及未来人文的个性化、自由化追求，这种结论可能被打破。通过虚拟场景的构建，可以将处于不同空间位置的人集中到统一的模拟场景，并进行实时沟通交流，使得很大一部分服务性生产活动转移到虚拟空间中，例如，设计以及学术研究等研究服务行业，这将成为未来一种全新的生产工作方式。

不论未来城市的生产与生活空间是集聚还是分散的，是通过实体空间的多元化共享还是虚拟场景构建的方式，生产工作、生活居住与生态环境一体化融合将成为一种发展趋势，带动城市空间的混合化发展，彻底打破传统意义上的机械式功能分区，营造生产、生活与生态相融合，各种服务空间与居住空间和工作空间融合的城市细胞单元。

参考文献

［1］蔡阳.现代信息技术与水利信息化［J］.水利水电技术，2009，40（8）：133-138.

［2］李国杰，孙凝晖.探索我国信息技术体系的自立自强之路——兼序"构建自立自强的信息技术体系"专题［J］.中国科学院院刊，2022，37（1）：1-7.

［3］倪光南.构建安全可控的信息技术体系［J］.中国信息安全，2018（5）：33-35.

［4］张子鹤，曹万华.信息技术体系结构综述［J］.舰船电子工程，1999（4）：6-14，45.

［5］孙凝晖.对信息技术新体系的思考［J］.中国科学院院刊，2022，37（1）：8-14.

［6］王洋，于君.信息技术类研发与服务机构认定评估标准体系研究［J］.标准科学，2021（5）：66-71.

［7］刘杰.现代计算机技术在农业经济管理中的运用初探［J］.中国高新区，2019（15）：206.

［8］朱申鸣，周强.多媒体技术在计算机软件中的应用分析［J］.信息系统工程，2023（2）：66-68.

［9］赵振宇，赵鹏，党戈.计算机软件开发中软件质量的影响因素与应对措施［J］.中国新通信，2023，25（4）：108-110.

［10］韩冬艳.分层技术在计算机软件开发中的应用效果分析［J］.软件，2023，44（4）：65-67.

［11］李美玲，宋凯，汪庆伟，等.计算机网络安全浅析［J］.中国军转民，2023（5）：41-42.

［12］刘仁兵，陆凯金，俞杰斌.计算机网络安全技术在维护网络安全中的应用［J］.无线互联科技，2023，20（5）：103-106.

［13］贺云龙，陆星润.计算机网络安全技术的影响因素与防范措施［J］.科技视界，2023（1）：60-64.

［14］刘威.计算机网络安全与解决措施［J］.电脑编程技巧与维护，2022（1）：172-

174.

[15] 雷炜. 浅谈计算机防火墙技术与应用［J］. 科技展望，2015（27）：11-11.

[16] 戴金辉. 试析计算机防火墙技术及其应用［J］. 信息与电脑，2015（14）：135-136.

[17] 王佳俊. 计算机网络渗透测试技术研究［J］. 电子元器件与信息技术，2021，5（12）：188-189.

[18] 王绍强，邵丹，王艳柏. 网络渗透测试技术分析研究［J］. 电子世界，2015（17）：154-155.

[19] 白和付. 浅析现代通信技术［J］. 中国科技纵横，2015（14）：50.

[20] 黄涛. 浅谈现代通信技术的作用［J］. 中国宽带，2021（6）：22.

[21] 刘国欣. 现代通信技术与现代生活［J］. 中国新通信，2012，14（11）：1-2.

[22] 曾涛. 现代通信技术发展探析［J］. 计算机光盘软件与应用，2011（11）：18-18.

[23] 李蕾. 第五代移动通信技术［J］. 通讯世界，2016（10）：97.

[24] 鄢广增. 移动通信技术发展［J］. 南京邮电学院学报（自然科学版），2002，22（3）：20-24.

[25] 黄津国. 5G 移动通信技术的应用与发展［J］. 通信电源技术，2022，39（4）：106-108，112.

[26] 彭博文. 现代光纤通信技术的特点及应用［J］. 数字通信世界，2023（4）：104-106.

[27] 解鑫雨. 计算机软件的开发设计的难点和对策探讨［J］. 电脑知识与技术，2017，13（35）：124-125.

[28] 赵凤龙. 计算机软件开发设计常见的问题与对策研究［J］. 数字化用户，2019，25（46）：60.

[29] 金江军，潘懋，承继成. 智慧城市刍议［J］. 现代城市研究，2012（6）：101-104.

[30] 王振宇. 智慧城市大数据平台［J］. 中国新通信，2018，20（19）：30.

[31] 孟锐. 智慧城市大数据安全的研究［J］. 电脑知识与技术，2020，16（28）：65-66，69.

[32] 孙天伟. 智慧城市大数据系统设计及实现［J］. 广东通信技术，2020，40（3）：49-53.

[33] 陶瑜. 智慧城市大数据云服务平台构建研究［J］. 电脑知识与技术，2017，13（12）：243-244.

[34] 巩卫海. 新时期计算机软件开发技术的应用及发展趋势研究［J］. 科技资讯，2023，

21 （1）：49-52.

［35］金红华. 计算机软件开发的策略与发展趋势探析［J］. 延边教育学院学报，2022，36（1）：131-133.

［36］王栋. 基于安全技术应用的计算机软件开发［J］. 新一代信息技术，2022，5（2）：69-71.

［37］瞿华峰，荆方，彭文增，等. 计算机软件开发技术的应用及发展趋势［J］. 石河子科技，2022（3）：21-22.